受益终生的精粹

受益终生的美术精粹

李 超◎编

安徽师范大学出版社

图书在版编目（CIP）数据

受益终生的美术精粹／李超编．—芜湖：安徽师范大学出版社，2011.11

（受益终生的精粹）

ISBN 978-7-81141-507-0

Ⅰ．①受… Ⅱ．①李… Ⅲ．①品鉴-世界-青年读物②品鉴-世界-少年读物 Ⅳ．①J051

中国版本图书馆 CIP 数据核字（2011）第 218823 号

受益终生的美术精粹

李　超　编

出 版 人：张传开

责任编辑：潘　安　桑国磊

版式设计：北京盛文林文化中心

出版发行：安徽师范大学出版社

芜湖市九华南路 189 号安徽师范大学花津校区　　邮政编码：241002

发 行 部：（0553）3883578　5910327　5910310（传真）　E-mail：asdcbsfxb@126.com

经　　销：全国新华书店

印　　刷：北京富达印刷厂　电话：（010）89581565

版　　次：2012 年 2 月第 1 版

印　　次：2012 年 2 月第 1 次印刷

规　　格：700×1000　1/16

印　　张：10

字　　数：120 千

书　　号：ISBN 978-7-81141-507-0

定　　价：16.90 元

出 版 缘 起

CHUBAN YUANQI

在人类文明发展史上，每个时代都会有一批在各个领域创作出惊世之作的伟人，他们所留下的一份份宝贵的文化遗产和精神财富，既没有时空界限，也没有地域之分，像星斗辉煌于当时，也像阳光灿烂于今天。在人类历史上，这是为数不多的一群人，但也是值得关注、值得崇拜、值得追随的一批人。他们用真理的力量统帅我们的头脑，而不是用武力奴役我们。正是他们影响着我们的生活，他们所留下的杰作已成为全人类共同的宝贵财富，供我们一代一代分享下去。这些人，我们称之为大师，这些伟大的作品，我们称之为经典。

人类文明史的一页页是由许多大师承接起来的。莎士比亚、贝多芬、达尔文、凡·高、弗洛伊德、甘地、毕加索、海明威、钱钟书……每个如雷贯耳的名字，都代表着一个知识领域的高峰，正是他们不同凡响的创造，成就了人类文化的鸿篇巨制。有人说，阅读大师，读懂读不懂都有收获。的确，尽管很多大师与我们生活在不同的时代、不同的国度，说着不同的语言，却几乎时刻伴随在我们的精神世界中，遥远而又亲近。每一位大师都是一座丰碑，他们是精神的引领者和行为的楷模。阅读他们的经典之作，可以使我们变得深沉而非浮躁、清醒而非昏聩、深刻而非肤浅，可以使我们的人格得到提升，生命得到重塑。

读书可以经世致用，也可以修身怡心，而阅读经典，了解大师，是人生修养所应追求的一种境界。千百年来，大师们的经典著作曾经影响了无数人。然而行色匆匆，为了事业、生活忙碌奔波的现代人，几乎没有闲暇静下心来解读这些大师们给予我们的忠告和教诲，我们难以感受到伟大作品的力量。更为遗憾的是，伟大的作品又常常是那么晦涩难懂，一些只有专业人士才肯翻阅的书籍令很多人望而却步，甚至是敬而远之。在一切讲求快节奏的今天，每个人都希望能在最短的时间内获得最多的知识，为了帮助广大爱读书的朋友寻找到一种最省时而且最有效的方式，去阅读那些能经受住时间考验的、世界上亿万读者多少年来都从中得到过特别启迪的书，我们跨越时空地域的界限，从人类文明发展史中采撷菁华，在参考诸多名家推荐的必读书目的基础上，组织数十位中青年专家学者编写了这套丛书。本丛书从国学、西学、中国文学、外国文学、诗歌、名人传记、谋略、修身处世、心理励志、科普、管理、经济、投资、电影、美术、音乐16个领域中各选取了几十位最具影响力的大师，着重介绍他们最有代表性的作品，这些流芳百世的经典之作曾经是一代又一代人的路标，了解并阅读这些经典著作，必将给每一位读者以智慧的启迪。

生命的质量需要锻铸，阅读是锻铸的重要一环。真正的经典都有一种强大的精神力量，指引我们的为人处世。站在大师的肩上，我们能够看得更远；沿着他们开拓的道路，我们能够前进得更快。本丛书用最浅显的文字诠释大师们的深邃思想，用最易懂的字句传递原著中绞尽脑汁才能读懂的理论，以最简洁的话语阐述伟大作品的精华，让读者在最短的时间内汲取大师沉淀出的宝贵经验与智慧，走进一个神圣的精神殿堂。

阅读的广度改变生命历程的长短，阅读的深度决定思想境界的高低。大师经典带来的影响，不只是停留在某个时代，而是会穿越时空渗透到我们的灵魂中去。英国著名诗人拜伦曾经说过："一滴墨水可以引发千万人的思考，一本好书可以改变无数人的命运。"的确，读书对于一个人的文化水平高低、知识多少、志向大小、修养好坏、品行优劣、情趣雅俗，往往起着至关重要的作用。我们精心编写的这套丛书品位高雅，内容丰富，设计、装帧精美、时尚，不仅具有较高的阅读欣赏价值，还可以收藏，或作为礼物馈赠亲朋好友，是一套能让读者从中获益良多的读物。

一本好书是一个由优美语言与闪光思想所构成的独特的世界，选择一本好书，不仅可以品味一时，更可以受益一生。

编　者

目　录

CONTENTS

阿尔诺芬尼夫妇像

扬·凡·埃克(1380—1441)Jan van Eyck 尼德兰

这幅《阿尔诺芬尼夫妇像》在光影、体积、空间、质感的塑造上，在色彩的饱和度、鲜艳度，刻画的精确度、真实程度和深入程度上都超越了同时代的意大利，这种超越有艺术观念上的不同，有技法上的差异，但最主要的是绘画材料学意义上的划时代的突破。

——美国著名画家 安德鲁·怀斯

扬·凡·埃克是北欧尼德兰画派的杰出代表，他博学多才，擅长几何学，对化学也颇有研究。作为大画家他声名远扬，意大利著名的美术家、作家瓦萨利在自己的著作中称其为“色彩的创新者”和“油画的发明者”。扬·凡·埃克在综合前人经验的基础上，对绘画所用的颜料进行了改进，发明了一种新的调色油。这种调色油易于调和颜色，运笔流畅自如，可层层敷设，透明鲜亮，从而使油画技法能更好地适应细致生动表现的要求。他以这种新的绘画技法绘制了《阿尔诺芬尼夫妇像》，这幅画不但是新型油画深入表现的最早尝试，也是后来发展起来的风俗画和室内画最早的先例。

1434 年·81.8 厘米×59.7 厘米·现藏于伦敦国家美术馆

扬·凡·埃克在油画《阿尔诺芬尼夫妇像》中以娴熟的绘画技巧和深入细致的刻画能力，成功地表现一对新婚夫妇在洞房中的情景。作者对画面中景物刻画得极为精细，也由此体现出北欧尼德兰画派的传统画法，而后来维尔的风俗画也得益于该画派的启迪。

美术界曾经称这幅《阿尔诺芬尼夫妇像》为"欧洲第一幅心理肖像画"，"肯定了新兴的资产阶级的道德"，是"扬·凡·埃克的具有里程碑意义的作品"。

KUANGSHI JIEZUO K旷世杰作

《阿尔诺芬尼夫妇像》是扬·凡·埃克的代表作，也是世界艺术史颇负盛名的一幅作品。在整幅作品中，在详细的写实主义背后，隐藏着某种抽象性的魅力，整个画面因光线的微妙作用产生一种亲切的感觉，这光线不仅仅清澈透明，而且协调柔和，赋予这幅画一种近乎神奇的性质。

扬·凡·埃克在画中描绘了尼德兰典型的富裕市民的新婚家庭，画中人阿尔诺芬尼是扬·凡·埃克的好友，他正牵着新婚妻子的手迎接客人的到来。扬·凡·埃克极为精细地描绘了室内的一切：蜡烛、刷子、扫帚、念珠、苹果及阳光等。这些都带有一定的象征性，它们提示着对婚姻幸福的联想。哈巴狗代表忠诚；空中燃点的蜡烛象征着通向天堂之路；苹果寓意爱恋——它是伊甸园的幸福果；串珠意味着原罪的救赎；画的下角置一双拖鞋表示结婚，女子的白头巾表示贞洁、处女；绿色代表生育；床上的红颜色象征性和谐；扫帚意味着纯洁；画面中间带角边的圆镜代表天堂之意。所有这些象征物既有基督教的信仰，又有世俗的观念，画家都一一收入画中，作了极为细致的描绘。这正体现了以凡·埃克兄弟为代表的尼德兰绘画的特色。画面上洋溢着虔诚与和平的气氛，以表达对市民生活方式和道德规范的赞颂。

在背景中央的墙壁上，有一面富于装饰性的凸镜，它是全画中尤其值得观者注意的细节，同时也是这幅画最为经典的一部分。从这面小圆镜里，不仅看得见这对新婚者的背影，还能看见站在他们对面的另一个人，即画家本人。这种物理学上的游戏，显示了画家在运用所谓光线反射方面的知识，请注意在凸镜面左侧的那扇窗户的弧形表现。小镜框的四周镶刻着十幅耶稣受难图，图像细小得几乎看不清了，还有两人头顶那只金光闪烁的吊灯，其刻画之精微，为现代摄影者所叹服，这是尼德兰特有的细密画传统画法，而用镜子来丰富画面空间，正是这幅杰作的一大特色，这种增加真实感的方法在后来写实主义的画作中被广泛运用，北欧传统的细密画风格——事无巨细由此可见一斑。《阿尔诺芬尼夫妇像》以其独特的情节处理和对细节环境的深入刻画而成为欧洲肖像画中的精品。

JINGDIAN SHANGXI J经典赏析

无处不在的象征

《阿尔诺芬尼夫妇像》是一幅文艺复兴时期的名画。整幅画给人的感觉是含蓄的、内敛的。画面中的人物都是静态的，观赏者能感觉到的是肃穆温暖和谐与稳妥，暗示两性结合的协调美满。

这种象征首先表现在色彩上。视觉的感官和别的感官是关联的。画家康定斯基认为：“倾向低沉的颜色将在圆形里提高它的影响”。画中妻子一身绿色的大衣。绿色是一种中性的色彩，包含着善良与和解，有安抚心灵和眼睛的作用(也有生育的象征)。衣服周边的黄色又象征着希望快乐与光明成长。白色的头巾象征着处女与贞洁，使得整个女性的形象宁静温和自足。而丈夫接近咖啡色的着装代表平实，不被注意，给人以寂静、可靠的感受。大圆黑帽子给丈夫平添了几分威严庄重。咖啡色和绿色基本上都是中性的。但相对而言，绿色更出挑一些——特别是在红色背景的衬托之下。于是，画家在画面左侧开了扇窗，为之增亮。有了光的参与，丈夫一边被加强了，整个画面又回复了平衡。视觉的中心没有发生偏移。

再来看色块的布局。后方的小半门、镜子、窗、吊灯和小狗是属于丈夫那半个世界的色系，而靠垫、大床、两双拖鞋是属于妻子那半个世界的。这一个婚姻仪式将两个世界完美地融合在一起。画家用颜色来象征的世界却又不是用两个长方形的几何分割，而是通过凹凸镶嵌的，更预示着两性结合的完美交融与不可分割。象征在线条和形状上的表现更为微妙一些，观看者一定会注意竖直线条是画面的主线条。两人衣服的褶皱都是非常清

十字磔刑

晰，甚至窗户和床帷也像是褶皱的一种延伸。直线就是自自然然的，像是已被体验到的命运。而丈夫与妻子相

握的手臂构成了一条抛物线，这一弯曲着的自由“弹性”好像是无定的等待着命运，又蕴藏了活泼与激动。

阿恩海姆认为：“作为一种通讯工具来说，形状要比色彩有效得多。但是运用色彩得到的表现却又不能通过形状而得到。”这幅夫妇像中形状与色彩演起了“双簧”，用无声的语言向人们的心灵诉说着自己的秘密，就好像是未开的花朵暗藏着的喜悦。也许这就是阿恩海姆所说的用直接和不言而喻的知觉力来影响和打动人们的心灵。

这幅画的另一特点是画面的写实风格。在细节刻画处十分的细致入微，在精确度、真实程度和深入程度上都超越了同时代的意大利。细节的描写使鉴赏对象同鉴赏者形成一种黑格尔称之为“家常亲切”的关系，对象真成了非常适合主体心理结构的“家”。画中的每一处确实都呼唤着观赏者心中对“家”的那个概念。扬·凡·埃克运用了一种同质强化主体，在鉴赏中看到了自己。二者产生了一种亲和的呼应。

和委拉斯开兹的《宫娥》一样，这幅杰作中也有一面镜子。不同的是，这里的镜子反照了室内的全景。达·芬奇说过“镜子为画家之师”，追求真实是西方绘画的特点。而此处不仅仅是画家为了表现高超的写实技巧，更主要的是另一个幻象的缔造。图画本身就是一层模仿。镜子所照出来的那个颠倒的影像无论怎样真实都是模仿之模仿。但奇怪的是，有了这一面镜子，反而显得画面更加真实，似乎一切都是永恒的存在。

吊灯是来自更上一层的证物，尼德兰画风受到宗教的影响很深。吊灯是一种形而上的力量，是上帝的见证。燃烧着的蜡烛就像是长明之火，与画中丈夫祈祷的手相呼应着，几乎构筑起管风琴的音色来。如果说《宫娥》中门与镜子构成了走出图画的双重劝说，那么这里的镜与灯就是要观赏者驻留于画的双重召唤了。

卢卡契认为绘画的形式中包含着“人的物质生活、社会生活、精神生活，以及道德生活的全部规定”。我想，借这句话来结束我对这幅作品的感受，算是比较合适的吧。

（佚　名）

YISHU RENSHENG 艺术人生

在文艺复兴的浪潮席卷意大利半岛的时候，欧洲其他地方也做出强烈的反应。尼德兰的一对兄弟，胡伯特·凡·埃克和扬·凡·埃克就是威尼斯画家的最早呼应者。他们开历史先河的巨作，就是《根特祭坛画》。1415 年，兄长应德国根特市市长之邀，为该市的圣贝文教堂创作此画，在中途不幸亡故，后由弟弟扬·凡·埃克继续工作，于 1433 年完成。祭坛画完工后，扬·凡·埃克的名声也很快传遍欧洲。

对这对兄弟的生平，没有太多的文献记载。从零星的史料了解到，扬·凡·埃克于 1380 年出生在利布尔库的马赛依卡，在海牙做过宫廷画家，装饰宫廷，授徒传艺。1424 年，他

扬·凡·埃克

移居佛兰德尔，同兄长一起工作。因其才华出众，被勃艮第公爵招为宫廷画家。曾受托到英国、西班牙和葡萄牙考察。1428 年，作为外交官赴坡多卡宫廷商谈莫利普公爵和坡多卡之女叶赛贝娜的联姻，还为叶赛贝娜画了肖像。后来移居布鲁日，在那里他的生活条件相当优越，与权贵、文艺界人士交往频繁。自从定居布鲁日以后，画家的创作进入了盛期。他创作了大量的肖像画，成了近代肖像画的先驱。

另外，扬·凡·埃克不单是画家，而且当过外交官，去过葡萄牙、西班牙等地。特别是到西班牙的时候，对西班牙画家产生了影响。史料上记载，凡·埃克兄弟曾有许多弟子，但具体情况却不得而知了，唯一可以确定的是，他们为后来荷兰画派的崛起做出了不朽的贡献。

春

桑德罗·波提切利(1445—1510)Sandro Botticelli 意大利

《春》这幅作品的主题是古希腊的,也是异教的,不属于中世纪,它具有反基督的人文主义倾向……波提切利所画的裸体,在姿态上却显得很自负,表示人要从宗教的束缚下彻底解放。波提切利的作品似乎还加入了东方情趣,有一种装饰性的美,如女神衣服上的花纹、波涛和树木的形状等。尽管这幅画有贵族文化的习气,但还不失为新时代的伟大作品。

——《文艺复兴时期的美术》

如果说,乔托是意大利现实主义绘画的拓荒者,那么,100 年以后诞生在佛罗伦萨的画家桑德罗·波提切利,就是这一艺术领域的先驱者。

1478 年·203 厘米×314 厘米·意大利佛罗伦萨乌菲齐美术馆藏

波提切利是典型的佛罗伦萨画家。他的一切创作,无论风格或是精神,都和佛罗伦萨这个城市的政治生活和文化生活有紧密的联系。波提切利是幸运的,他是当时发展到高峰的佛罗伦萨画派的几位著名大师的学生、仿效者和集大成者。

即使不熟悉绘画的人也一定看过他的那幅著名的《春》:在一个优美雅静的树林里,美丽端庄的维纳斯位居中央,她以闲散优雅的表情等待着春之降临。在她身旁,三位女神互相携手翩翩而舞,在维纳斯的左边,春神弗罗娜正以优美飘逸的健步迎面而来,她全身披戴着饰花的盛装,身后是春风之神莎菲尔和一位希腊少女。这种对于人性的赞美,在波提切利的作品中具有非凡的美感。如果说米开朗基罗创造了古往今来最美的男人,那么,波提切利创造了古往今来最妩媚的女人。波提切利完美的绘画，在和风吹面、柔辉弥漫中，一种忧伤像轻纱一样笼罩在画上。波提切利绘画中女人身上无言的忧郁，同米开朗基罗笔下男人身上无言的悲怆一样，远远超越了狂欢的文艺复兴时代，甚至超越了启蒙时代而直接同浪漫主义对话。

KUANGSHI JIEZUO 旷世杰作

在绘画史上，有许多作品描绘春天，然而还没有一幅作品能与波提切利的这幅《春》相媲美。可以这么说，这幅画已经尽善尽美地表现了春天的美和典雅。

从绘画技法来讲，由于没有采用当时已在法兰德尔流行的油画技法，而是采用传统的蛋清画法，画面上华丽的装饰效果反而更加强烈。由于蛋清干后会使颜色形成坚硬的一层，是一种透明的颜色，因此在这幅画上我们可以感受到那接近水彩画的纯净、透明的效果。

波提切利在这幅画里，构图上采用了平面的装饰手法，将众多的人物安排在适当的位置上。画面上一共九人从左至右一横列排开，没有重叠、穿插，并且根据他们在画中的不同作用，安排了恰当的动作。作为主角的女神维纳斯所处位置比其他人稍后一点。画面像一幕正在上演的舞台剧，布景是一片带金色的暗褐的小树林。波提切利在这里表现的是罗马诗人奥凡提奥斯的长诗《行事历》中描写的春天情景。

当此画完成之际，初见它的文化界人士均被此画的成功深深感动，这当然得归因于此画的寓意。在那个时代，解释这类寓意画，是上流社会的一种知性活动。他们一一解释画中人物时，认为背景是包含祝福、万物初醒的春季，而且发现每一环节都与爱有关联。他们一致被这张巧妙地寓含结婚礼赞的画所感动。

波提切利曾对达·芬奇说，画家可以通过把浸有颜料的海绵扔向画板来画风景，因此对景物的细致观察毫无意义，这番话让后者大吃一惊。看看波提切利《春》的背景，你会发现里面的树不过是绿色的斑点，岩石也只是随手造成的不规则形体。波提切利没有像镜子一般再现自然，而是对之进行筛选和编辑，由此创造了一个更加完美的乌托邦。他最伟大的那些作品不只是在阐释神话，而是把神话提炼成一种无法重新还原为语言的纯粹物质。一代又一代的艺术史家疯狂地寻找着《春》的“真正”涵义，但我们需要知道的，也许只是它的美而已。

JINGDIAN SHANGXI 经典赏析

波提切利的《春》

是怎样的一位哀愁的魔法师使我们在这儿想到了古人把春天当成鬼节？从孕育了我们爱情的死者土地中产生的是什么？每个半透明的形象从地面升起，就像螺旋形的有毒的花，带着将要完结世界的优美，处在爱与死的游戏中。

在波提切利的《春》中，三度空间消逝了，伴随着这种情况，世界的坚实框架——理性的结构也消逝了。明亮的形体附着在撒满花朵和天空空隙的深暗背景上，就像一幅挂毯中的情景。在这儿，以行动或思想开掘现实世界的几何形、掌握它的空间的做法被梦幻取代了，这种梦幻体现在线条的无法预见的阿拉伯式图形中。线条本身不再是平面上的缀边，它不限定体积，它出现在明暗变幻的交界处。它不再是身体的轮廓，同样身体也不是空间的一部分。它是围绕着透明的存在的运动轨迹，在这些透明的存在上飞舞着透明的轻薄色彩。

使这幅画具有最低限度统一性的总体布局是由风景决定的。在画的中央，一簇簇深暗的树叶形成了一个完美的建筑的拱，或者不如说是一个围绕着维纳斯的椭圆形光环，维纳斯明亮的头部由深暗树叶像光环那样衬托着，这使她有了立体感，围绕着深暗区域的像刺绣品一样的由茎叶勾画出轮廓的部分，使远远的天空微微抖动。在左方，如同管风琴管子一样的树干，以它们笔直形的对比，衬托出前景的起伏波动。在右方，恰恰相反，纤细的树干和藤类植物配合着人物的运动，并与他们"押韵"。最后，前景处斜面草地上点缀的花朵，正如树上的果实一样，减轻了背景的分量，如果没有它们，背景将是葬礼般阴沉的。

前景上的人物全是用曲线构成的。最左边，众神的使者墨丘利（希腊神话中的赫尔美斯）被螺旋形的红大氅包裹着，他的手臂和神仗形成反向曲线。蒙住眼睛的丘比特在维纳斯的头上用爱之箭瞄向美惠三女神（"美丽"、"青春"、"快乐"），这一组形象洋溢着舞蹈的生动感，不过身体的姿势减缓了这种效果，身体的冲力只是借助飘舞轻纱的阿拉伯式图形装束，借助交缠成一个断续的、切分的、近乎抽泣的圆圈的手之花环展现出来。

弗洛拉（花神）穿着绣满花朵的衣裙向前走来，被螺旋形的半透明轻纱缠绕着的这位女子就是春神，象征西风神的死尸般色调的年轻男子在追逐着她。他阴森的气息似乎使整幅画弥漫着死亡的芬芳。然而，波提切利向我们提供了人们会向往的一切（自然、青春、爱情、美）的一种寓意。花已凋谢，面孔上流露着没有满足的欲望、悲哀和怀旧的感情。出现在画面各处的曲线阵雨痉挛地流溢着、破裂着。色彩减褪着，形体消散着，就像在一场梦里一样。

通过色彩和形的语言，波提切利使我们感到了这阵历史的轻风和随后的狂风——在他的作品中，线条不久将变得僵硬起来，以人文主义的欢快展现了异教神话的那些舞动的曲线，将在萨沃纳罗拉的火光焰中痛苦地扭动。

这是一种表达了丧失对人及其力量的信心的艺术，一种表达了痛苦地盼望人们已不再相信的超验性的艺术。

（佚　名）

波提切利于1445年出生在意大利佛罗伦萨的一个中产阶级家庭,"波提切利"是他的绰号,意为"小桶"。少年时的波提切利非常顽皮,不思学业,做皮革匠的父亲只好把他送去学做一名金银艺匠学徒。后来波提切利喜欢上了绘画,父亲又遵从他的意愿,将他送到菲力浦·利比的画室学习绘画。利比以哥特式的手法,对三维立体事物的把握、对细微人物脸部表情的表现和对细节的重视都对波提切利日后的绘画风格产生了深远影响。

波提切利在著名的佛罗伦萨雕刻家安德列·韦罗基奥的画室工作过一段时间,到1470年,他开办了自己的工作室。我们今天看到的他最早的一幅画《力量》就是属于这一时期的作品。这幅画是为装饰佛罗伦萨贸易法院的大厅而作的组画《美德》中的一幅。作品塑造了一位坐在皇位上手持权杖的妇女来隐喻力量。这一作品以及后来创作的《尤迪丝》和《叶弗哈里斯蒂的圣母像》表明,波提切利风格的基本要素早在这个时期就已经定型。他的艺术特点是热情洋溢,富有想象力的,同时还喜欢象征手法和形体的某种拟古风格。

自立门户后,他的绘画天赋很快引起了银行家科西英·美第奇的注意,向他订购了大量的画作,不久成为美第奇家族最宠爱的画师。与强大的美第奇家族保持着良好的关系使波提切利获得了政治上的保护,并享有十分方便的绘画条件。此外也是通过这一层关系,波提切利得以接触到佛罗伦萨上流社会和文艺界名流,开阔了视野,接触了各方面的知识,并为他的艺术打下精雕细琢、富丽堂皇、华美多彩的贵族印记。在美第奇家族掌权的期间,波提切利为他们做了多幅名画,声名大噪。

帕拉斯和肯陶洛斯

1477年,他以诗人波利蒂安歌颂爱神维纳斯的长诗为主题,为美第奇别墅绘制了著名的《春》。在这幅画中,波提切利运用自己的想象力对神话故事重新演绎,人物线条流畅,色彩明亮灿烂,却又在充满着欢乐祥和的气氛中,被一种带诗意的伤感所笼罩。

另一幅为世人所熟知的画作是他的《三博士来朝》,这幅画为他在整个欧洲赢得了声誉,并因此于1481年7月被教皇召唤到罗马,为西斯廷教堂作壁画。

1485年，波提切利又创作了一幅精美绝伦的巨作——《维纳斯的诞生》。这幅画已经和《春》一起，成为波提切利一生中最著名的两幅画作。

1492年，佛罗伦萨发生政治巨变，美第奇家族遭驱逐，社会政治形势多变，贵族复辟，人民处于水深火热之中。波提切利的心被震动了，他的人生观和艺术观发生了一次重大变化。宗教极端主义者萨沃纳罗拉掌权，波提切利成为他的追随者之一，并曾在臭名昭著的“虚荣的篝火”中烧毁过多幅自己的画作。

波提切利以他那富有诗意的、充满优美曲线的、别具一格的和不可思议的天才作品，成为那个时期佛罗伦萨最伟大的艺术家。然而，由于他挥霍无度，晚年是在孤苦伶仃中度过的。他年事已高，身体衰弱，又穷困潦倒，只能靠救济度日。在生命的最后几年，他不问世事，同时他的艺术创作活动也已过时，他在文艺复兴中的“巨人”位置也就让给了新人。

1510年5月，这位佛罗伦萨画派的最后一位大师死于贫困和寂寞之中，但是波提切利以他富有诗意、别具一格和不可思议的天才作品，在文艺复兴诸大家中独树一帜，成为那个时期佛罗伦萨最伟大的艺术家。

蒙娜丽莎

莱昂纳多·达·芬奇(1452—1519)Leonardo da Vinci 意大利

无论谁看到达·芬奇这幅画的时候，都会发现一种永恒的微笑呈现在夫人的脸上，它似乎不是出自人类之手，而是上帝创作的真正艺术。所以这幅画被公认为胜过以前所有肖像画的世界杰作，这也绝非偶然。

——《意大利绘画、雕刻和建筑名家传》

达·芬奇是意大利文艺复兴时期的天才艺术家，在绘画方面他创立了反映世俗生活的新的绘画流派，使当时的绘画表现水平发展到一个新的阶段，因此后代的学者称他是“文艺复兴时代最完美的代表”，是“第一流的学者”，是一位“旷世奇才”。达·芬奇的《蒙娜丽莎》是世界上最珍贵的一幅肖像画，也可称得上是人类艺术史上最受珍视、知名度最高的一件艺术品。一直以来，它被不可尽数的诠释和话题包围追逐着。仅截至20世纪90年代初，世界上就已有200多部研究这幅画作的专著问世，法国、英国、西班牙竟有38名学者年复一年地专事探讨其神秘之微笑；在巴黎卢浮宫的《蒙娜丽莎》前，永远驻足着最多流连不去的人群，他们聚集一处的朝拜往往要造成馆内的通道严重阻塞，平均每年它会吸引来数以百万计的参观人潮，由于慕名而来的参观者摩肩接踵，曾使画作跟前的地毯都被踏秃了毛。

谁能真正说清散发着销魂蚀骨魅力的《蒙娜丽莎》，究竟传递出的是什么呢？是文艺复兴时期人文精神的象征——对美丽人性的高歌，对生命活力的赞颂？还是对人类母性慈爱宽容品格的向往，对卓越女性美妙的灵肉结合的尊崇？这些全然不错的分析在生命常青的《蒙娜丽莎》前似乎仍显得生硬乏力，难尽其妙。

言说不尽或无可言喻可能正是所有旷世经典的必备特征，静态无言的美丽少妇蒙娜丽莎与絮语不休的忧郁王子哈姆莱特同样深不可测，歧义纷呈，他们都会永远地穿透遥远的时空，在那里璀璨而诡异地闪亮。艺术经典中的这类人物都是精彩而深奥的谜，

1503—1506 年·77 厘米×53 厘米·法国巴黎卢浮宫藏

他们身上暗含着种种隐喻，多义而模糊，宽泛而深邃，几乎使后人永远解读不尽，永难盖棺论定，最终只能仁者见仁，智者见智。

KUANGSHI JIEZUO 旷世杰作

300 多年前，面对着佛罗伦萨一位平凡而奇特的贵族女性，达·芬奇心情激荡，妙思翩翩。这幅肖像竟让这位文艺复兴的巨人不知疲倦地摹画劳作三载才告功竣，想必他定是由外到内窥知了这位女性身上隐藏的种种细致幽微的意蕴。据说蒙娜丽莎是当时佛罗伦萨著名商人佐贡多的妻子，达·芬奇受邀为她画像，初见这位女子时，达·芬奇认为她在人文荟萃的佛罗伦萨还算不得一个美人，但她充分发育的身体绰约美好，微笑使她的脸上发出异乎寻常的光芒，尤其是她的一双手温润如玉，几乎尽善尽美，因此他同意着手工作。蒙娜丽莎被盛装送到画室，为防止她寂寞和疲惫，整整一队随从陪伴而来，为了表现她的天然之美，画家让她把戒指项链珠宝玉翠全部摘下。三年间蒙娜丽莎是在达·芬奇的有趣谈话、故事讲述及悠扬乐声的陪伴下度过的。在达·芬奇的妙手点化下，蒙娜丽莎被赋予了真实跃动的生命——它是如此变幻多端，灵光闪闪，却又交错迷离，辉映成趣。肖像完成后，来拜访达·芬奇的艺术家们惊讶不已地说：“她好像正在呼吸”，“她就要笑起来了。”可以想象，在作画的过程中，画家一定是陷在那神奇的生命迷宫中了，他欲罢不能，所以只得百般琢磨玩味，再极力聚合提炼，最终才将其悉数尽现，而一位女性诸般转瞬即逝的美妙神态就这样定格在一幅有限的图面上，得以传播千古。

达·芬奇独特的艺术语言是运用明暗法创造平面形象的立体感。他曾说过：“绘画的最大奇迹，就是使平的画面呈现出凹凸感。”他使用圆球体受光变化的原理，首创明暗转移法（亦称明暗渐进法），即在形象上由明到暗的过渡是连续的，像烟雾一般，没有截然的分界，《蒙娜丽莎》是这种画法的典范之作。瓦萨利认为这种明暗画法是绘画艺术的一个转折点。蒙娜丽莎的身上到底藏着什么费人猜想、摄人魂魄的秘密？她是忠贞守节、相夫教子的贤妻良母吗？她是为爱而生、至纯至真的痴情女子吗？抑或她是淫邪放纵、欲壑难填的荡妇，是诡异莫测、妖惑众生的魔女？这些谁也无法真正确定。从画面上看，这位妇人其实留下了多重互为矛盾而走向相异的个性印记。这位贵妇看似悠然端坐，两只纤秀绝伦的手搭在一起，呈现出十足的乖巧柔美，但她内里又像藏着奔腾涌动的另一个世界，那里宽博浩大，并不乏刚健雄强；她微绽笑靥的面庞自是温婉娴雅，一副亲近可人的情态，但她的神情里似又锁着一种深不见底的秘密，嘴角边那一抹欲说还休的暧昧，眼神中的几分迷离隐晦，让人觉得她遥不可及；她姿态端庄，矜持守矩，静若处子，脸上那“永恒的微笑”充溢着无限真纯，其中有妩媚，有温善，有欢乐，也有羞怯、调皮，但好像也有不易觉察的阴影掠过，那其中掺杂着狡黠、无奈、躁动……大概正是在这柔与刚，近与远，静与动种种相异品质的奇妙交错混合中，蒙娜丽莎拥有了一个极为立体极富弹性又极为宽广的精神空间，这使她能够打动芸芸众生的形形色色迥然不同的各式心怀，也正因如此，这幅肖像被认定为是西欧历史上的第一幅心理肖像画。

JINGDIAN SHANGXI J经典赏析

蒙娜丽莎的微笑

我常常无法克制对蒙娜丽莎的心驰神往之情，就像家兔迷上了蟒蛇一样。

——法国前总统　蓬皮杜

《蒙娜丽莎》这幅画的声名、荣誉，及其普遍性，几乎把达·芬奇的其他杰作都掩蔽了。提及达·芬奇的名字，一般人便会联想到他的人物的“妩媚”，有如波提切利一样。然而达·芬奇的作品所给予观众的印象，尤其是一种“销魂”的魔力。法国悲剧家高乃依有一句名诗：“一种莫名的爱娇，把我摄向着你。”

《抱白貂的妇女》

这超自然的神秘的魔力，的确可以形容达·芬奇的蒙娜丽莎的神韵。这副脸庞，只要见过一次，便永远离不开我们的记忆，而且蒙娜丽莎还有一班崇拜者，好似世间的美妇一样。第一当然是达·芬奇自己，他用了虔敬的爱情作画，在三年的光阴中，他令音乐家、名曲家、喜剧家围绕着模特儿，使她的心灵永远沉浸在温柔的愉悦之中，使她的美貌格外显露出动人心魄的诱惑。1500年前后，达·芬奇挟了这件稀世之宝到法国，即被法王弗朗西斯一世以12000里弗尔买去。可见此画在当时已博得极大的赞赏。而且，关于这幅画的诠释之多，可说世界上没有一幅画可与它相比。所谓诠释，并不是批评或对画面的分析，而是诗人与哲学家的热情的申论。

然而这销魂的魔力，这神秘的爱娇，究竟是从哪里来的？达·芬奇的目的，原是要表达他个人的心境，那么，我们的探讨，自当以追寻这迷人的力量之出处为起点了。

这神秘正隐藏在微笑之中，尤其在"蒙娜丽莎"的微笑之中！单纯地望着两旁抿去的口唇便可知这微笑还只是将笑未笑的开端。而且是否微笑，还成疑问。口唇的皱痕，是不是她本来面目上就有的？也许她的口唇原来就有这微微地向两旁抿去的线条？这些问题是很难解答的。可是这微笑所引起的疑问还多着呢：假定她真在微笑，那么，微笑的意义是什么？是不是一个和蔼可亲的人的温婉的微笑，或是多愁善感的人的感伤的微笑？这微笑，是一种蕴藏着的快乐的标志呢，还是处女的童真的表现？这是不容易也不必解答的。它是一个莫测高深的神秘。

然而吸引你的，就是这神秘。因为她的美貌，你永远忘不掉她的面容，于是你就仿佛在听一曲神妙的音乐，对象的表情和含义，完全随着你的情绪而转移。你悲哀吗？这微笑就变成感伤的，和你一起悲哀了。你快乐吗？她的口角似乎在牵动，笑容在扩大，她面前的世界好像与你的世界同样光明同样欢乐。

最后的晚餐

蒙娜丽莎的谜样的微笑，其实就因为它能给予我们以最缥缈、最"恍惚"、最捉摸不定的境界之故。在这一点上，达·芬奇的艺术可说和东方艺术的精神相契了。例如，中国的诗与画，都具有无穷与不定的两个因素，让读者的心神获得一个自由体会自由领略的天地。

一切画家都在这件作品中看到谨严的构图，全部技巧都用在表明某种特点。他们觉得这副微笑永远保留在他们的脑海里，因为脸上的一切线条中，似乎都有这微笑的余音和回响。达·芬奇是发现真切的肉感与皮肤的颤动的第一人。蒙娜丽莎的微笑完全含蓄在口缝之间，口唇抿着的皱痕一直波及面颊。脸上的高凸与低陷几乎全以表示微笑的皱痕为中心。下眼皮差不多是直线的，因此眼睛觉得扁长了些，这眼睛的倾向，自然也和口唇一样，是微笑的标志。

如果我们再回头研究她的口及下巴，更可发现蒙娜丽莎的微笑还延长并牵动脸庞的下部。鹅蛋形的轮廓，因为口唇的微动，在下巴部分稍稍变成不规则的线条。

在这些研究上，可见作者在肖像的颜面上用的是十分轻灵的技巧，各部特征，表现极细微，好似蒙娜丽莎的皮肤只是受了轻幽的微风吹拂，所以只是露着极细致的感觉。

至于在表情上最占重要的眼睛，那是一对没有瞳子的全无光彩的眼睛。有些史家因此以为达·芬奇当时并没画完此作，其实不然，无论哪一个平庸的艺术家，永不会在肖像的眼中，忘记加上一点鱼白色的光；这平凡的点睛技巧，也许正是达·芬奇所故意摒弃的。因此这副眼神蒙着一层怅惘的情绪，与她的似笑非笑的脸容正相协调。

她的头发也是那么单纯，从脸旁直垂下来，除了稍微有些卷曲以外，只有一层轻薄的发网作为装饰。她手上没有一件珠宝的饰物，然而是一双何等美丽的手！蒙娜丽莎的手，沉静地，单纯地，安放在膝上。这是作品中神秘气息的遥远的余波。

这个研究可以一直继续下去。我们可以注意在似烟似雾的青绿色风景中，用了何等的艺术手腕，以黑发与纱网来衬出这苍白的脸色。无数细致的衣褶，正是烘托双手的圆味(即立体感)，她的身体更贯注着何等温柔的节奏，使她从侧面旋转头来正视。

我们永不能忘记，达·芬奇是历史上最善思索的一个艺术家。他的作品，其中每根线条，每点颜色，都曾经有过长久的寻思。他不但在考虑他正在追求的目标，并也在探讨达到目标的方法。偶然与本能，在一般艺术制作中占着重要的位置，但与达·芬奇全不发生关系。他从没有奇妙的偶发或兴往神来的灵迹。

(傅　雷)

YISHU RENSHENG Y艺术人生

达·芬奇于1452年生于佛罗伦萨郊区芬奇镇，因此取名叫芬奇，5岁时他能凭记忆在沙滩上画出母亲的肖像，同时还能即席作词谱曲，自己伴奏自己歌唱，引得在场的人赞叹不已。15岁时达·芬奇开始在画家韦罗基奥(意大利雕刻家，画家)的作坊学艺。这个时候的他就表现出非凡的绘画天才。

达·芬奇在1481年创作的《博士来拜》，是标志其艺术风格达到成熟期的作品。该画虽没有完成，但从原稿上可以看出其构图和形象塑造所显示的艺术创新，大大超越了他的老师和同辈，他所采用的色调幽暗的画法，使人物形象从阴影中突出，突破了传统绘画明晰透露的特点，预示着文艺复兴的到来。

1482年达·芬奇来到米兰，应圣弗朗切斯科教堂的邀请绘制祭坛画《岩间圣母》。虽仍然是传统题材，但人物形象的塑造和岩窟幽深的刻画及山岩间花草逼真的描绘，证明他使用的烟雾状笔法已使其在传真写实和艺术加工方面达到了新的水平。《最后的晚餐》是他在这一时期创作中最负盛名之作。这幅表现基督被捕前和门徒最后会餐诀别场面的湿壁画，绘制在米兰圣玛丽亚·德拉格拉齐耶修道院饭厅，堪称美术史上最完美的典范之作。

莱昂纳多·达·芬奇

1500年,达·芬奇回到佛罗伦萨,随着共和制度的恢复,文化气氛一度活跃,画坛上也先后出现了米开朗基罗、拉斐尔等杰出人物。他向市民展出的一幅经过精心构思的《圣母子与圣安娜》立即引起轰动,其构图原理和画法对艺术界有极大影响,米开朗基罗和拉斐尔等人也从中得到启发。

1503年,达·芬奇为市政厅大会议厅绘制壁画(因再次去米兰而始终未完成)。在这期间,他创作了《蒙娜丽莎》。如果说《最后的晚餐》是世界最著名的宗教画,那么《蒙娜丽莎》则无愧为世界上最著名、最伟大的肖像画。这两件誉满全球的作品使达·芬奇的名字永垂青史。在达·芬奇的艺术遗产中,大量的素描习作也颇值得重视,这些素描和他的正式作品一样,同样达到了极高的水平,被誉为素描艺术的典范。其艺术理论散见于他的5 000多件笔记和未完稿的《画论》中,也是文艺复兴时代理论研究的重大成果。

达·芬奇的现实主义艺术成就,奠基于他对众多自然学科领域的研究。他以博学多才著称,在数学、力学、光学、解剖学、植物学、动物学、人体生物学、天文学、地质学、气象学以及机械设计、建筑工程、水利工程等方面都有不少创见和发明。他用深刻的观察和敏捷的思考以及熟练的数学、工程知识丰富了几乎所有知识领域。他随身带的笔记手稿已发现有7 000多页,可惜没有完整的著作发表,因此许多先进的思想和天才的预见,当时未能发挥作用。例如,他曾用虚速度的原理来解释静力学的基本问题。他还结合绘画研究过光影、明暗、色彩和各种透视现象,指出黑白不是真正的颜色。他设想光的传播如同投石击水引起的水波和空气中的声波一样,也由中心向外传播。

达·芬奇的一生始终在探索艺术的高贵气质,只有在美的创造中他才能感到心满意足。大师1519年客死异国,终年67岁。他的学生佛朗西斯柯·穆埃基说:“达·芬奇的死,对每一个人都是损失,造物主无力再造一个像他这样的人了。”他是一位真正的推动历史进步的人。

创造亚当

米开朗基罗·博那罗蒂(1475—1564)Michelangelo Bounaroti 意大利

米开朗基罗的《创造亚当》既是不朽的绘画,也是不朽的诗。这样的艺术才永恒。

——中国作家　李一痕

米开朗基罗,是一个让人充满敬畏的名字,他是人类艺术史上的一座高峰,令人仰视。这位意大利文艺复兴时期集雕塑家、画家、建筑家、诗人于一身的天才人物,他以其超越时空的宏伟巨作,在生前和身后都形成了无与伦比的巨大影响。正是他,标志着文艺复兴绘画的戏剧性终结;也是他,拉开了使人不安的现代绘画的幕布,同时使人们认识到,艺术家是天才——是万物与思想的创造者。米开朗基罗以其庄严风格开创了席卷欧洲的流派与画风。

1508 年,米开朗基罗被迫接受了西斯廷礼拜堂屋顶壁画的任务。当时他的心情是悲愤的,不料此壁画后来成为他生平的最大杰作。西斯廷屋顶壁画面积有 500 平方米左右,是美术史上最大的壁画之一。米开朗基罗在大厅的中央部分按建筑框边画了连续 9 幅大小不一的宗教画,均取材于《圣经》中有关开天辟地直到洪水方舟的故事,分别名为《神分光暗》、《创造日、月、草木》、《神水分陆》、《创造亚当》、《创造夏娃》、《诱惑与逐出乐园》、《诺亚献祭》、《洪水》、《诺亚醉酒》。这幅巨型壁画历时 4 年多才完成,其中以《创造亚当》最为出色。画中亚当的形象体态健壮,气魄宏伟,具有强烈的意志与力量,显示了米开朗基罗在写实基础上非同寻常的理想加工,给予同时代人以深刻的启示。这幅壁画成为米开朗基罗的绘画艺术丰碑,它与另一幅壁画《最后的审判》一起成为他一生最具有代表性的两大巨制,这两幅壁画也是意大利文艺复兴时期最伟大的艺术贡献。

KUANGSHI JIEZUO 旷世杰作

1503 年,教皇朱诺二世取得圣彼得王位后,便想把整个意大利归在他的教权统治下。他为了兴修圣彼得大教堂,便请来了建筑家布拉曼特。5年后,教皇为了纪念其叔父西克斯特四世,请布拉曼特重建西斯廷小教堂,尔后又把米开朗基罗召来罗马,让他停下正在进行的陵墓雕塑工程,涂掉教堂内的旧壁画,重绘。

“1508年5月10日,我,雕刻家米开朗基罗,开始作西斯廷壁画。”这是在教皇朱诺二世的强迫下,绘制西斯廷小教堂天顶画动笔那天的日记,满腔悲愤溢于纸外。他的人格、尊严,经历了前所未有的考验,更让他放弃了所喜爱的“敲打石头”的事业,而这种考验、这种放弃整整持续了5年。5年中,米开朗基罗奴隶般地工作着,独自一人在18米高的脚手架上,第一次尝试他所不熟悉的湿法壁画。在他给朋友的信中,他带着自嘲地描述自己:胡须朝向天,头仰向肩膀,不停下滴的颜料在脸上积了厚厚一层,走路被迫驼背,仿佛是一张折弓。当573平方米的作品完成时,37岁的米开朗基罗却活脱地成了一个老头,长年的仰视使他不得不举起要读的书信。然而米开朗基罗的创作天分,并未因为肉体与精神的双重摧残而产生丝毫的变形扭曲,相反,他以超人的毅力和想象力,创造了一个艺术史上的奇迹。

在这组巨型壁画中,以《创造亚当》最具有代表性。据《圣经》记载,耶和华神在创造了万物之后,最后但也是最重要的就是创造人类。神用地上的泥土,照着自己的形象、按着神的样子造了人。但是和创造其他的动物不一样的地方,是神把自己的气息吹在人的鼻孔里,他就成了有灵魂的活人。神给世界上第一位人,取名叫亚当。神说:“亚当一个人独居不好,我要为他造一个配偶来帮助他。”于是神使亚当沉睡,神取下亚当的一条肋骨,就用这根肋骨,造了一个女人,就是夏娃。《创造亚当》的构思体现了米开朗基罗得到超凡的启示的灵感和想象力,他以亚当的躯体为中心,亚当似乎刚从沉睡中醒来,疏懒地斜靠着,身体里仿佛还缺少力量。但亚当年轻健壮的体魄被画家表现得充满着理想极致的美,孕育着生机。亚当伸手去接触那赐予他生命的上帝的手,为他注入活力。这神指与人指的触碰是整个画面的焦点,也无疑是整个创世纪的象征。

米开朗基罗用健康和生命的代价完成的《创造亚当》成为不朽的艺术品。时至今日,当人们怀着朝圣般的心情去欣赏这一杰作时,无不被其盖世才华和雄伟气魄所震撼。

JINGDIAN SHANGXI 经典赏析

人性的颂歌

在《创造亚当》中,那个匍匐在上帝的形象之下的神秘人物,皱褶中带着即将形成的事物——女人和孩子,他有着怎样动情的忏悔啊!

——英国理论家　沃尔特·佩特

对人自身的赞美与歌颂,在意大利文艺复兴盛期达到一个高潮,再没有哪个艺术时期能像它那样使人感觉到人自身强大的内在威力，意识到人的非凡意义。这其中，米开朗基罗的艺术使文艺复兴的人文主义理想得到更加全面、极度鲜明的表达。如果说达·芬奇是将人作为大自然的一种奥秘加以研究的话，那么米开朗基罗是将其全部的身心投入到人体的艺术表现中，而且乐于表现人的主动性与积极性以及人的建立英雄功绩的能力。

罗马西斯廷小教堂内的天顶画，是米开朗基罗的绘画艺术丰碑。其中《创造亚当》是他一生最有代表性的巨制，这幅壁画工程也是意大利文艺复兴盛期最伟大的艺术贡献。在《创造亚当》这幅伟大的作品中，他摒弃了任何美化人体的不实用的装饰，甚至是软化视线的颜色——一律以刚劲的浓烈感极强的色差极大的色彩代替。从画中我们可以看出，米开朗基罗的理想是充满力量的集合，因而他的创作也是蕴涵着无限力量的。从那曲长压抑的人体上和有着拓展力的动作上，摆在我们面前的是一个亟待苏醒的力士与神祇的世界，远离任何时代，代表着人类对自身潜在能力的挑战；于是，我们渴望与大师在作品的某种暗示上沟通的愿望落空了，并不是缺乏理解，而是他的理想太博大了，博大到只能让我们以有别于艺术家的目光看待他。

在这幅气势恢弘的作品中，我们奇怪地发现竟找不出一丝一毫使目光休息的地方，没有任何动植物抑或装饰，甚至没有一片树叶。在纵横交错、晨阴交旦的光与影中，在遒劲有力、不断跃动的人体中，我们的视觉始终保持着紧张，似乎米开朗基罗的那无休尽的艺术躁动穿越时空扑面而来。他的绘画独树一帜：粗犷、雄浑、刚毅，具有浮雕感，这一独特的艺术风格同当时流行的精细纤巧的艺术风格形成了鲜明的对照。正是这种形象的浮雕和性格刚劲坚毅的明确性，有力地打动了所有人的心。

更耐人寻味的是，米开朗基罗在《创造亚当》这幅巨作中，表现出他作为伟大艺术家的独特创意，米开朗基罗并没有让这两只手碰在一起迸发出神创的奇迹。那相差一点点的距离成为了一个永恒期待的瞬间，给人留下了永远的想象的空间。

如果说米开朗基罗的前期作品宏伟壮丽、高亢磅礴，是他个人英雄主义的最好体现；那么晚年作品则是他集一生苦难、追求的如实写照。因为这幅画是他在教皇的逼迫下完成的，我们无法想象何以艺术家在身心饱受折磨时仍能有如此壮丽的作品。画中充满戏剧性的张力，人物个个健美而栩栩如生，将造物主所创造的万物之灵完美地呈现出来。整个天花板以九幅主题画为主，以《圣经》创世纪的故事为题材。我们能看出，米开朗基罗并不是为教皇服务的，他是在用他的生命和他的天赋献给上帝。

米开朗基罗是个伟大的画家，这是毋庸置疑、世所共知的，然而，很少有人知道他对绘画的真正想法。他曾在笔记中写道："绘画是月亮，雕刻是太阳；绘画是仆人，雕刻是家主，我鄙视绘画——因为我是雕刻家，不是画家——我甚至不懂得绘画！"不管他怎

创造亚当(局部)

么说,我们仍可以从这幅《创造亚当》中体味到米开朗基罗倔强的性格,更能看出米开朗基罗那超越时代震古烁今的刚勇之气,可以冲破九天的伟大理想。有着这样抱负的人可想而知他的品性是多么的伟岸和坚定。

（佚　名）

YISHU RENSHENG 艺术人生

米开朗基罗为了《创造亚当》的巨制,竟在西斯廷教堂的穹顶下一丝不苟地仰着脖子度过了4年零3个月的时光。这里体现的是一种宗教性的艺术情感。它代表着艺术家在艺术之途上朝圣般的诚勇和苦行,也因而使他们的作品获得了那种真金足赤的艺术含量,并进而具备了“典”的性质。

——著名诗人　昌　耀

1475年3月6日,佛罗伦萨附近的卡普莱萨诞生了一个婴儿,喜爱星象的父亲从星座的运行中推断儿子将是一个“巨人”,便为他起名“米开朗基罗”。历史永远充满着巧合,就像蓝天里飘动着美丽的朵朵白云。历史的巧合使他的儿子果真成为了世所罕有的艺术巨擘,历史的巧合也赋予他一种“神圣而痛苦的生涯”。

1489年,米开朗基罗师从于雕刻家贝尔托贝托。这位老人是文艺复兴早期现实主义传统的继承者,他对米开朗基罗天才的形成产生了很大影响。在这期间,米开朗基罗对塑造技巧获得了最初经验。在当时文人、学者、诗人、艺术家和社会名流荟萃的罗伦索·美第奇宫中,米开朗基罗有机会看到许多包括有古代雕塑遗物在内的丰富收藏品,并接触了柏拉图学院的人文主义思想,尤其是它的美学学说。米开朗基罗经过严格的训练和先进的人文主义的熏陶,这为他以后的艺术创作打下了坚实的基础。在最早的雕刻作品中,米开朗基罗已经敏锐地以反映社会情绪的巨匠姿态出现了,他创作了一些充满力量的作品,同时米开朗基罗主要表现人体美的独特的艺术风格也初露端倪。

米开朗基罗·博那罗蒂

1494年10月,米开朗基罗前往北部威尼斯,后又到波伦亚。在波伦亚,雕塑家奎尔查的作品给了他有利的影响。由于受到同行的嫉妒，1495年末他不得不回到故乡。此时米开朗基罗的艺术手法已成熟起来，并逐渐形成了自己的风格。1496年6月，22岁的米开朗基罗第一次抵达罗马，在那里他创作出了他的第一批大型雕像——《酒神》和《哀悼基督》，其中《哀悼基督》成为当时文艺复兴时期艺术的新词汇。《哀悼基督》是米开朗基罗唯一的署名作品，现安放在罗马圣彼得大教堂内。米开朗基罗不合时尚的作品，来源于内心的哲学昭示，他是近代最早将心理学应用于艺术的人。

1501年，米开朗基罗返回佛罗伦萨。一天，他偶尔走过佛罗伦萨教堂的庭院，发现了一块在那儿闲置了46年的大理石，他如获至宝，利用3年时间雕刻成大卫巨像。由于米开朗基罗是一个热烈的爱国者，因此他把这尊巨像表现为刚毅英雄的战士，从人民中诞生的祖国保卫者。佛罗伦萨人从大卫身上看到了掌权者树立的榜样。专门委员会经过长期争论，确定在佛罗伦萨共和国政府所在地——维基奥宫前面的广场上安置大卫像。意大利人把这一杰作称为“保卫祖国的市民英雄”，看成是保卫祖国的象征。大卫像开创了雕塑史的新纪元，此时年仅29岁的米开朗基罗成为意大利第一流的雕刻家。

1505年“巨人”的名声把米开朗基罗带回到罗马。新教皇朱诺二世急于建造一座“世界上最伟大”的陵墓，以使自己流芳百世，而胜任此工作的唯有米开朗基罗。米开朗基罗一再推辞，教皇固执己见，他不得不承担这一任务。

米开朗基罗把自己锁在教堂里近5年之久，除了研磨颜料的人及教皇偶尔进入，不放任何人进去。在阴暗的灯光下，米开朗基罗背躺在建筑架上，他以非人力能及的巨大代价，在没有任何人帮助的情况下，完成了500多平方米的壁画面积。在米开朗基罗的艺术生涯中，这是一个伟大的转折，早期那种较为乐观、活泼的艺术风格从此变得沉郁而悲壮。此时米开朗基罗已成了一个孤独、忧伤、叛逆的老人。

1534年米开朗基罗永远地离开了佛罗伦萨，在罗马度过了他的余生。66岁时，他在200平方米的巨大面积上，完成了朱诺二世墓碑上的纪念物——《最后的审判》。此时他虽已功成名就，却遭受了命运的残酷打击，他的三个最亲的人相继离他而去。在他生命的最后20年里，他领导了大型的综合建筑工作。他的建筑艺术风格和他的雕刻、绘画一样，追求气势雄伟、豪放和刚劲有力。

1564年1月18日，米开朗基罗死在自己的工作室里，享年89岁。米开朗基罗是意大利文艺复兴时期最后一位伟大的艺术大师，他死后意大利的美术由盛而衰。他的艺术对后世产生了深远的影响。在古典艺术遗产中，米开朗基罗的艺术占有着光荣的一席之地。

四使徒

阿尔布雷特·丢勒（1471—1528）Albrecht Durer 德国

丢勒的《四使徒》，也充满着人性化的神态乃至色彩，不容于时代的艺术家未必毫无伟大的光辉，平凡无奇不也是稍显另类的伟大吗？丢勒使世人明白，穿过阿尔卑斯山的蛮族人正在赶上时代，欧洲的心脏再度复苏，这便是这位生性坚强的德国人对艺术的承诺。

——美国著名作家　房　龙

阿尔布雷特·丢勒是德国文艺复兴时期著名的画家，他多才多艺，学识广博，和意大利的达·芬奇一样，他也是欧洲文艺复兴时期最伟大的代表人物之一。这位人文主义者型的新教画家，不仅是出色的雕刻家、建筑家，同时也是一位伟大的思想家，他的艺术探索为文艺复兴注入了新的活力。

《四使徒》是丢勒晚年创作中的成功之作，作于 1526 年，是他当时送给纽伦堡市参议会的赠品，17 世纪下半叶被装饰在市政厅会议室里。《四使徒》是最完整地表现丢勒艺术功力的杰作。丢勒在此达到了他终身追求的目标，使德国艺术的写实精神与意大利艺术的典型塑造结合得天衣无缝。彼得、约翰、保罗、马可四位“圣人”的这一组集体肖像，四位使徒的个性栩栩如生。从构图到色彩的配置，处理得极为简洁传神。

作为 16 世纪纽伦堡宗教改革的成果，《四使徒》成为德国艺术的写实风格与意大利艺术的典型塑造的完美结合，它体现出丢勒的人文主义思想，蕴含着丢勒对宗教改革的态度，也显示了他油画艺术的那种宏伟、概括、严谨、有力的特点，被看做是德国宗教改革时期艺术的纪念碑。

《四使徒》这幅画由两块长条画面组成，在这两条画面上，丢勒分别画了耶稣的门徒约翰和彼得、保罗和马可。左图中，年轻俊秀的约翰，内穿浅绿上衣，外披红色的大氅，侧立着，聚精会神地注视着手中的《圣经》。一旁的年老的彼得也低着他宽大的前额，俯首阅读，彼得手中捧着巨大的金色钥匙。他们显示出温柔、善良的性格。右图中，披着浅色大氅的保罗，一手捧着

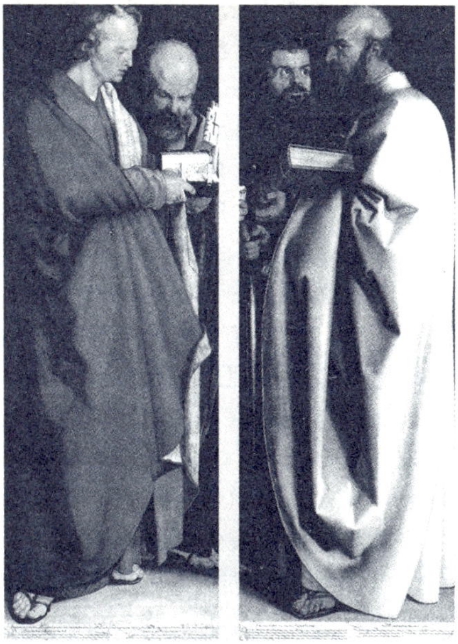

1526年·215.5厘米×76厘米·慕尼黑画廊藏

《圣经》,一手握着利剑,双目怒视,显示出刚毅的性格,深邃的眼神,锐利而逼人。一侧的马可,手握一卷,机警地注视着四周。这两组人物的形象、性格,形成了明显的对比。在这幅画的下部,丢勒曾请一位书法家题写过这样的文字:“在这动荡不安的年代,愿所有执政者时刻戒备,别把谬言视做神谕,因为上帝从不给自己的话增减只字。为此,我希望大家聆听这四位至尊至善的使者的劝告。”丢勒以其堪称完美的艺术手法描绘出“圣人”的威严与力量。

画面上的红色表达了热情和乐观,米灰色象征着冷静和思虑。被小心拢起的袍子是自律而严谨的,随意披散的袍子传递出率真和轻松。侧位的袍子是含蓄的,正位的袍子更坦荡。袍子上的阴影有点令人发憷,彼得的衬衣让人欣悦。剩下的是黑色的背景和脚,还有冗长的圣经题款,都充分展示了丢勒的写实功力。

丢勒创作此画的目的,旨在塑造德国社会改革的推动者和捍卫真理的保卫者,同时通过正面理想形象,发表自己的政治宣言。大胆奔放的笔触,沉郁浓烈的色彩,凝聚着日耳曼人的性格特征,是丢勒晚年在油画技法上的革新。

J 经典赏析 JINGDIAN SHANGXI

说话的袍子

当我们明白了丢勒,我们就在真实、高贵,甚至丰美之中,认识了只有最伟大的意大利人可以与之相提并论的价值。

——歌　德

从造型严谨、寓意深刻的鸿篇巨著《四使徒》中我们可以看出,约翰、彼得、马可、保罗的姿态虽然沉稳却传达出不可冒犯的威严与力量,画面从左至右,四使徒的面部神情体现了一条起、承、转、合的情绪变化主线,即,约翰在探索,彼得在研究,马可感到危险来临而警觉,保罗则坚定地随时准备战斗。

不同于其受意大利文艺复兴艺术风格样式影响较强的早期作品,丢勒的晚期作品逐步地将德意志独具的民族文化和精神气质融汇到自己的创作风格之中，其作品显现出庄重有力、严谨含蓄、富于内省态度和精神表现的特点。长期对于解剖学和绘画理论的不懈探求和实践使他驾驭画面各种形式元素的能力日趋成熟，其写实技巧更是炉火纯青。油画《四使徒》采用了非常稳定的对称构图，背景为单纯的深黑色，突出了强光照射下的主体人物。身穿红色大氅的约翰、身穿浅色大氅的保罗相对侧立占据了画面的大部分面积，他们身后是位置相对的彼得和马可，一个俯视，一个仰视，画面于高度的平衡中显现律动，在静止的形态里蕴含张力，大胆的近乎直线的衣纹处理得简约而概括，反衬出细腻生动的人物面部刻画。顶天立地的构图使得画面形象显得高大伟岸，有纪念碑式的恢弘气度和很强的视觉冲击力，他将细腻深入的刻画与简洁有力的描绘相结合，明快的色块与整体而微妙的调子相统一，通过形体的组合和人物的神态呼应，巧妙地引导观者的视线，作品的形式构成堪称完美。

作品的名称也是耐人寻味的，在其画面所描绘的四位使徒中，只有约翰、彼得、保罗是《圣经》记载中的使徒，而其中的马可是《马可福音》的作者。作为一个基督教的笃信者，丢勒不会犯常识性的错误，实际上作品中所描绘的四使徒正是他心目中真理的研究者、传播者和捍卫者的化身。

当时正值马丁·路德领导的宗教改革时期，宗教改革掀起了思想领域的一场革命。路德教义中所包含的人文思想，得到了德国广大人民的认同，丢勒也是路德教义的热情拥戴者。他认为路德教派是公正、真理与智慧的象征，但宗教改革没有缓解社会中在激化的各种矛盾。作品诞生时，德国农民战争刚被镇压，生灵涂炭，经济疲敝，改革派内部也呈现极其复杂的宗派矛盾，社会上充斥着形形色色的利己主义者和两面派，社会生活正处于剧烈动荡之中。作为一个被后人称为“哲人画家”的丢勒，对人类苦难现实的思考和追求真理的坚定信念在其晚期创作中打下了深深的烙印。凭着艺术家的良知，油画《四使徒》的创作没有迎合当权者的口味，去粉饰太平，营造格调，而是用四个坚定而无畏的形象来敲击他们的神经，又加上了一段并不中听的告诫性的文字，由此可见，油画《四使徒》不仅仅是一幅形式技法上非常成功的作品，也是深具寓意的警世力作，被人们普遍地认为是能代表宗教改革时期时代精神的纪念碑式的杰作。

（陈玄巍）

YISHU RENSHENG 艺术人生

文艺复兴时期，德国画坛有一位成就可与意大利大师们媲美的天才画家，他就是阿尔布雷特·丢勒。1471年，丢勒出生在德国纽伦堡。

丢勒13岁时，父亲发现他似乎有不同寻常的艺术天赋，因为他在百无聊赖中竟无师自通地画了一幅自画像，神形兼备、惟妙惟肖，人们都称赞他是个神童。两年之后，父亲把他送到了纽伦堡一位名叫穆特的画家那里去学习绘画。穆特是一位相当出色的画家，作品以哥特式风格见长。他才华不凡又勤奋质朴，和许多中世纪后期的德国画家一样，出自他笔下的作品样样精美绝伦。丢勒在穆特门下不仅学到了许多绘画技艺，还继承了老师那些可贵的品质和优良的绘画传统。在穆特画室受了3年的艺术熏陶之后，丢勒决定走出画室，外出游历，以广博见闻。他的这一想法很快得以实现，因为那时他父亲的事业已经相当成功，可以为他未来事业的发展提供足够的财力支持。

当时，绘画方面的教科书很少，更没有培养美术人才的专门学校，学习绘画技艺主要还靠师徒之间的口传身教。如果想要拜一位著名的画家为师，而这位画家又住在一座遥远的城市，那么，那些诚恳而执著的学子就会不远千里前往投奔。背囊里仅有几个速写本和笔记本，边走边记，边走边画。丢勒就是这样一个勤于记录的人，从他留下的几本游记和学徒笔记中，我们可以了解到他当时的学习情况和他的所思所想。由于经济上的相对宽裕，丢勒的游学生涯没有像那些贫寒人家的子弟那样充满艰辛。他沿着莱茵河一路漫游，到过德国的许多城市，法兰克福、科隆、巴赛尔等地都留下了他不知疲倦的足迹。丢勒十分景仰意大利艺术大师的成就，他随后来到了意大利，对帕多瓦城的略那教堂中乔托的壁画进行了认真的研究，并遍访名师。4年之后，他满载而归，这段经历对他世界观的形成和事业的发展都起了决定性的作用。23岁的时候，丢勒已经是一名颇有影响的青年画家了。

丢勒是画家、铜版雕刻家、建筑师，此外还发明了一种筑城学体系。他是在思维能力上和性格方面，以及学识方面的巨人。

——恩格斯

在游学期间他曾打算求教于德国有名的版画家马丁·恩考尔，这位大艺术家当时住在德法两国交界的亚尔萨斯的科尔马城。然而，不幸的是，当21岁的丢勒于1492年风尘仆仆地慕名赶到科尔马城的时候，却与他景仰已久的恩考尔失之交臂，恩考尔刚刚离开人世。好在恩考尔的三个弟弟都与恩考尔一样，在铜版画方面有着很深的造诣，并继承了哥哥的事业。丢勒于是拜在他们的门下开始学习这门技艺。丢勒的确是一位天才画家，尤其在版画方面表现出了惊人的悟性。他此生仿佛就是特为版画而来的，当他的手第一次触到光洁的铜版，握住锋利的刻刀的时候，他全身的每一个细胞都仿佛被调动了起来。丢勒很快成长为版画艺苑中的一棵参天大树。在他生活的那个时代，他的成就无人能比。他把当时幼稚的版画艺术推向了一个完美的新阶段。

晚年，丢勒在完成了著名的油画《四使徒》后不久，便不幸患上了严重的肝病。1528年4月，57岁的丢勒在病痛中离开了人世。

西斯廷圣母

拉斐尔·桑齐奥(1483－1520)Raphael Sanzio 意大利

1507年的拉斐尔(24岁)还是一个青年，梦想着超人的美与恬静的魅力，画那些天国中的人物与风景，使我们远离人世。1516年的拉斐尔(33岁)已经是在人类社会和哲学思想中成熟的画家。他已感到一切天才作家的淡漠的哀愁。也许这哀愁的时间在他的生涯中只要一次，但又何妨？《西斯廷圣母》已经是艺术史上最动人的作品之一了。

——著名翻译家　傅　雷

拉斐尔·桑齐奥是意大利文艺复兴时期最伟大的画家之一，他具有高超的艺术造诣，代表了文艺复兴时期艺术家从事理想美的事业所能达到的最高峰。如果说达·芬奇的艺术深沉、含蓄、富有理智、充满智慧，米开朗基罗的艺术博大、雄伟、富有激情、充满力量，那么拉斐尔的艺术则以优雅、秀逸、和谐、高度的完美为标志。

拉斐尔的作品充分体现了安宁、和谐、协调、对称以及完美和恬静的秩序，在与两位最伟大的巨匠——达·芬奇和米开朗基罗的较量中，拉斐尔找到了“第三条路”，他的艺术被后世称为“古典主义”，不仅启发了巴洛克风格，而且对法国的古典学派产生了极其深远的影响。

拉斐尔的“圣母”被艺术评论家们誉为“真正是不朽的作品”，“是对人类的想象力的创造”，在世界绘画史上享有盛名。他一生作有《坐着的圣母与睡着的圣子》、《阅读着的圣母与圣子》，《圣母子与圣徒》等作品。其中最著名的当数《西斯廷圣母》，这幅绘制于梵蒂冈著名的西斯廷大教堂内的圣母像，几乎被认为是圣母画中的绝品。

在世界美术史上，只有一个拉斐尔，他创造了女性美的典范，以至这种典范到今天仍是后辈难以企及的；只有一个拉斐尔，他使圣母真正回到人间，成为我们理想中完美的化身。

KUANGSHI JIEZUO 旷世杰作

这个历经几个世纪巍然不倒的艺术巨子，这个感召了众多同样伟大的艺术灵魂的画家，他因代表了一个时代、一种模本的兴盛而成为后人学习的标准。恩格斯在论及人类双手的神奇功能时，所列举的第一个范例便是画圣拉斐尔的壁画，在思想巨人的脑海里，拉斐尔的画作是人类艺术生活的瑰宝。

1514年·265厘米×196厘米·德国德累斯顿博物馆藏

《西斯廷圣母》为拉斐尔“圣母像”中的代表作，它以甜美、悠然的抒情风格而闻名遐迩。这幅画是教皇朱理亚二世送给皮亚琴察西斯廷教堂黑衣修士的礼品，拉斐尔受托而为这一教堂的祭坛作画，故有《西斯廷圣母》之名。拉斐尔的这幅画对美丽与神圣、爱慕与敬仰的把握都恰到好处，显示出高雅、柔媚、和谐、明快的格调，因而使人获得一种清新、纯洁、高尚、升华的精神享受。

画面上，帷幔向两边缓缓拉开，圣母玛丽亚怀抱婴儿基督从云中冉冉降落。她的脚边，跪着年老的教皇西斯廷二世和年轻美丽的圣徒渥瓦拉，前者穿着沉重的法衣，用手指着圣母应该去的大地，后者目光下垂，虔敬里略带羞怯，似在为母子俩祈祷。圣母面容秀丽而沉静，眉宇之间似有隐忧，为了拯救全人类，她将不得不牺牲自己的爱子。小基督依偎在母亲怀里，他睁着大眼睛望着我们，目光里有一种不寻常的严肃感，似乎他已明白这里所发生的一切。

在拉斐尔过去创造的圣母中，总是极力追求美丽、幸福、完好无缺、更多地具有母亲和情人的精神气质和形象。而这幅《西斯廷圣母》是在更高的起点上塑造了一位人类的救世主形象：她决心牺牲自己的孩子来拯救苦难深重的世界。画面像一个舞台，当帷幕拉开时，圣母脚踩云端，神风徐徐送她而来。代表人间权威的统治者教皇西斯廷二世，身披华贵的教皇圣袍，取下桂冠，虔诚地迎接圣母驾临人间。圣母的另一侧是圣女渥瓦拉，她的形象妩媚动人，沉浸在深思之中。她转过头，怀着母性的仁慈俯视着小天使，仿佛同他们分享着思想的隐秘，这是拉斐尔画中最美的一部分。人们忍不住追随小天使向上的目光，最终与圣母相遇，这是目光和心灵的汇合。这幅画没有丝毫艺术上的虚伪和造作，只有惊人的朴素，单纯中见深奥。圣母的塑造是全画的中心。从天而降的圣母出现在我们的面前，初看丝毫不觉其动，但是当我们注目深视时，仿佛她正向你走来，她年轻美丽的面孔庄重、平和，细看那颤动的双唇，仿佛听到圣母的祝福。

JINGDIAN SHANGXI 经典赏析

拉斐尔笔下的圣母

拉斐尔的圣母像是世俗的理想战胜基督教和修道院的理想的突出的艺术表现之一。

——俄国理论家　普列汉诺夫

很多绘画赏析者都认为拉斐尔过于快活。他与达·芬奇与米开朗基罗相比较，很年轻就解决了内心的冲突，因此很少流露那超人的力量来推动伟大的灵魂。他的画作艺巧技精，却不是深的感情或信念之作。他顺应教皇需求，也能讨教皇欢心，欢愉地摆动在圣母与情妇之间，调和异教与基督教信仰，他不曾深入探究人生或信念的神秘性和冲突感，他只要人生的情欲和欢乐、美的创造和拥有、朋友与情人的忠诚。他带给我们宁静，不提出问题，不制造疑虑，不制造恐惧，他不会在理智与情感间冲突，或在躯体与灵魂间矛盾，他所见都是对立的协调。他的艺术将一切都理想化，宗教、女人、哲学、历史、甚至战争，他自己的一生也太顺遂幸福。

这样的评论不是完全正确的，从拉菲尔晚期所绘的《西斯廷圣母》便可以看出来。拉斐尔的这幅《西斯廷圣母》再也不同于过去天伦之乐型的圣母像，也不同于中世纪绘画艺术所表现的消瘦、痛苦、呆板之模样，也不像威尼斯画派笔下那种放荡、轻浮、随便之极端，而是显出恬静、安宁、慈祥、贤淑、秀美的神态，既能给人以美的感受和遐想，又能使人油然而生崇敬之情。拉斐尔让西斯廷圣母缓缓向人走来。

画面上的圣母抱着圣子从云端降下，两边帷幕旁画有一男一女，身穿金色锦袍的男性长者乃教皇西斯克特，他向圣母圣子做出欢迎的姿态，而稍作跪状的年轻女子乃圣母的信徒渥瓦拉，她虔心垂目，侧脸低头，微露羞怯，表示了对圣母圣子的崇敬和恭顺。位于中心的圣母体态丰满优美，面部表情端庄安详，秀丽文静，趴在下方的两个小天使睁着大眼仰望圣母的降临，稚气童心跃然画上。

为了使祭坛上的圣母有向人移动的感觉，拉斐尔使其画作平视点有三条（小天使、圣徒、圣母各成一平视点），因此观赏者越向画走近，圣母便越向人走来。此外，还放弃一般的远近法，使画中人与人之间的距离很模糊，似虚若实，又在金字塔稳定构图中，加上椭圆形的运动旋律（透过衣裳皱折和色彩安排）。这种弃文艺复兴最重要的形式，以表现出圣母不仅只是绝对美的观念、更是可以让人亲近依靠的圣母，是可以在她身上哀哭的圣母，这又意味着什么？拉斐尔晚年，从和谐、愉悦、平衡、包容理性、感性、知识、信仰的恢弘中，走向对悲怜苦难者的描绘，绘画主题也从美走向苦难中的盼望。甚至导致艺术史分期，把拉斐尔晚期作品归于另一时代的启蒙。

殊不论这种绘画风格的转变对绘画史分期的意义，就算绘画风格再有转变，它也仍是拉斐尔式的，但不可否认的，从绘画主题可看出拉斐尔走向另一种神秘体验。这是拉斐尔的不可言传的神秘体验。

说拉斐尔不提出问题，不会在理智与情感间冲突，或在躯体与灵魂间矛盾，他所见都是协调……这样的说法并不完全公平。可以这样说，拉斐尔处理过冲突矛盾与灵魂的挣扎，最后他把解决者置于走入苦难世界的基督与圣母。他在《西斯廷圣母》中塑造了一个具有崇高牺牲精神的母性形象。作品不论从构思构图、造型色彩、神态表情上讲，都是无比的成熟与完美。拉斐尔把自己美好的理想寄托在圣母的身上，希望他笔下的圣母能为人类带来希望和美好的一切。

在许多西方人的心中，母爱是最圣洁无私、最宽容也最伟大的情感。“圣母啊，您像一只无底的杯子，充满人类辛酸的眼泪！”也许正因如此，《西斯廷圣母》才成为西方文化中长盛不衰的主题。

（佚　名）

YISHU RENSHENG 艺术人生

拉斐尔·桑齐奥1483年生于意大利山区的乌尔宾诺小公园。父亲乔万尼·桑蒂是乌尔宾诺大公的御用画家和拉斐尔的启蒙教师。15岁时拉斐尔在波伦亚画家的画室里学习，他勤奋地探索绘画的奥秘，能够敏感地捕捉住美和艺术的真谛。一年之后拉斐尔离开家乡乌尔宾诺到北意大利安布利亚地区的裴路基亚城，从师于佩鲁基诺。三年之后的一天，佩鲁基诺对拉斐尔说：“我不想让这小地方拖住你，你要到大师云集的佛罗伦萨去，你可以独立工作了。”这时拉斐尔已经19岁。拉斐尔从老师那里学到了色彩感觉与透视原理，绘画技巧相当成熟，才能已超过老师。

在佩鲁基诺的引导下，拉斐尔跨进了佛罗伦萨的艺术世界，很快就融入到画家群里。他那讨人喜爱的外貌和善于自持的性格，立刻就为自己开辟了艺术道路。佛罗伦萨给了拉斐尔从未有过的艺术教益。他急切地吸取着大师们作品中的成就，他以一个学生的姿态对待达·芬奇和米开朗基罗。他充分利用佛罗伦萨能提供给他的一切，他研究解剖学，观察大自然和新的社会中的人际关系，他对生活、对人、尤其对女性和母亲更加充满感情和爱，他既崇拜达·芬奇，也尊重米开朗基罗，他要把佛罗伦萨的全部艺术精华变成自己的营养。他开始意识到自己的羽毛已经丰满了，他可以走向更高的艺术殿堂，他想到罗马去一显才能，让世人看一看谁是当今意大利最优秀的画家。教皇朱理二世为了赞颂自己，把最优秀的画家、雕刻家、建筑家都请到罗马来为他服务，当时，米开朗基罗正在为教皇画西斯廷教堂天顶画。刚满25岁的拉斐尔，在佛罗伦萨接到罗马送来的圣旨：“教皇想尽快在梵蒂冈见到拉斐尔，以便他在罗马与意大利最优秀的艺术家一起，为美化罗马而工作。”不久梵蒂冈的画家们被告知：除了拉斐尔和米开朗基罗之外，其余的画家们全被辞退了。教皇认为罗马只要有这两位大师就足够了。

拉斐尔·桑齐奥

在那段时间里，拉斐尔为教皇宫殿绘制了大量壁画，主要以宗教题材为主，兼画一些人物肖像。他笔下的人物形象，大多优美生动，神态安详，色彩古雅，尤其是眼神的描摹，更是深邃清灵，他所确立的美的样式成为后来学院派古典主义的标准之一，他的作品内容亦表现出浓厚的人文主义倾向。圣母形象的刻画是油画创作中永恒的主题。达·芬奇、米开朗基罗的作品内容深刻、厚重，画风苍劲，笔力健硕，线条犀利，成熟饱满；而生就一副天使般容貌的拉斐尔的圣母，则神态和婉优雅，面容清丽宁静。整个画面布局匀称，色调柔和华贵，线条细腻圆润。其代表作有《草地圣母》、《美丽的女园丁》、《西斯廷圣母》等。

天才的成就，引来繁重的订画任务，这是拉斐尔的光荣，也是他的悲剧，太大的名望终于把他压垮了。1520年4月1日，他病了。医生为他诊断病情以后摇着头说：“您，亲爱的大师，您从年轻时候起就过着过于紧张的生活，现在受到报应了。人们都知道艺术家是一些什么都不在乎的人，他们不吝惜生命，而是让生命去燃烧。”一个星期以后的4月6日他死了。他死后的荣誉，将永远存在于他的作品之中，载入人类文明的史册。

今天，在罗马的拉斐尔墓地上，还可以看到墓碑上刻着这样一段话：这里安息的是拉斐尔。在他的有生之年，万物之母惧怕被他超越；而当他去世后，万物之母也惧怕会死去。

浴后的苏珊娜

丁托列托(1518—1594)Tintoretto 意大利

在欣赏了丁托列托的《浴后的苏珊娜》之后，人们再也无法忍受那些没有色彩感的作品了。

——俄国画家　苏里柯夫

16世纪威尼斯画派的最后一位大师丁托列托，被艺术史家誉为文艺复兴盛期美术的“勇敢的捍卫者”，他曾受业于提香门下，充分吸收了提香精于用色的艺术传统。他还着迷于米开朗基罗强劲有力的造型艺术，为此他专门研究了这位大师的作品：从绘画到雕刻，都进行了大量的素描揣摩，并立志“将米开朗基罗的形体和提香的色彩融为一体”。事实上，他确实从这方面去努力，创立了自己独特的绘画风格。因此，在丁托列托的作品里，我们在感受到威尼斯画派一脉相承的绚丽色彩的同时，也被来源于佛罗伦萨画派的特有的力量感所震撼。从某种意义上看，丁托列托的画风已和以庄严和谐的戏剧场面或华美秀丽的圣母形象为代表的文艺复兴的画风相去甚远了。艺术家对他所生活的年代的不平现象，产生了强烈的揭示欲，以往的平静构图已不能体现他内心的激情，只有创造新的艺术奇迹。

1555年·146厘米×193.6厘米·维也纳艺术史博物馆藏

丁托列托创作的年代，正是威尼斯的经济一落千丈之际。当时现实主义的传统受到严重挑战，而颓废的艺术流派正风靡一时。只有丁托列托仍然坚持文艺复兴时期的光荣传统，坚持人文主义的思想内容和现实主义的创作方法。因此，他是意大利文艺复兴时期最后一位人文主义画家，同时也是威尼斯画派最后一位伟大的现实主义艺术大师。

丁托列托所描绘的人体，具有丰满清晰的轮廓、起伏活动的肌肉，在健美的肉体上还带有柔和的气质。其中《浴后的苏珊娜》是他最杰出的代表作之一。画中的苏珊娜的身体极为美丽，特别是肌肉的描写使她显得十分健美动人。丁托列托运用强烈的光影关系，在画面上构成鲜明的黑白色调对比，在一片昏暗的色调中，对苏珊娜施以明亮夺目的高光，给人以格外强烈的印象。可以说，“光”成了丁托列托用以帮助表达剧烈运动感和加强画面戏剧性效果的有力手段。这幅画当之无愧地成为人体艺术的卓越之作。

KUANGSHI JIEZUO 旷世杰作

在16世纪50年代至60年代，丁托列托的绘画在充满感人的悲剧力量的基础上，又添加了诗意的境界。这是他热烈追求生活美的结果。尤其是那些以表现女性裸体为主的题材，人物更加丰满而多姿多彩。比如他为13世纪法国中篇小说画的一幅《拯救阿希诺伊》，描绘青年骑士们拯救两个锁着镣铐的裸体美人，强暴与搏斗转变为诗一样美丽的幻境，妇女的肉体被画家描绘得惟妙惟肖，既富有魅力，又不娇艳。此种变化是丁托列托中年以后在创作上的新特征。有人根据这种特征，认为17世纪意大利风格主义的兴趣，是与他这种绘画趣味有关的。这一幅《浴后的苏珊娜》在表现裸女的美感方面比上述那幅更优雅，更有魅力一些。

这一迷人而有趣的宗教传说来自钦定《圣经》以外的掌故：从前有一美人，名苏珊娜，她嫁给一位巴比伦巨商约基姆为妻。由于她为人贤淑，秉性善良，丈夫非常爱她，她不仅生活优裕，且也忠于自己的丈夫。一次，她在家中花园的水池里沐浴，被两个年老的好色之徒偷见，他们想上前玷污她，遭到苏珊娜严词拒绝。两个老头怕苏珊娜向丈夫揭发而败露自己的丑行，便决意先发制人，诬告苏珊娜不贞。纠纷一直闹到埃及法老那里，苏珊娜终被定为死刑。此事被先知获悉，苏珊娜的冤情得到伸张，两个坏老头也被判以烙刑。苏珊娜从此就成了希伯来民间故事中的贞女象征。

画面里的苏珊娜是以细腻、娇美的裸体形象展现的。熟练的油画技法使丁托列托这件创作具有意大利古典美的风格，晦暗的棕褐色背景，加强了裸女身上的柔和色调，她那肌肤的银灰、粉红与天蓝色使她那丰艳的凝脂般的肉体栩栩如生。在淡淡的阴影笼罩下，躯体显得光彩奕奕，呈现了这位女性肌肤的柔滑感。前面那条淡蓝中夹杂着翠绿的浴巾，由于富有情趣的褶襞，把苏珊娜青春的气息映衬得更加自然。她在树木的阴影中，一脚伸入平静的小溪流里，对面树丛的玫瑰花射出绛色与紫色的光芒，远处有纤细的小杨树，调子轻淡，因为那是花园的亮处。美女跟前的镜子、珠翠、胸衣、香水瓶和化妆品之类，在水与镜子的反射中闪烁着若隐若现的寒光。丁托列托蓄意在为这个悠闲的美人低声吟唱，用饱满的笔触与恬静的感情赞美着这诗一样的场面。

按照传说，画家不得不在左角树丛下面添画出鬼鬼祟祟偷看美女的那老头的秃顶，还在后景左边的树丛边画了一个暗觑的鬼头鬼脑的老人站像。这两个细部完全破坏了画面的整体情调，它们大煞风景，使美的情景横遭亵渎。金发的苏珊娜的惊人之美，与左边两个不规矩的老人的丑态构成了不和谐音，或许这就是画家想要表现的当时的现实问题吧！

JINGDIAN SHANGXI J 经典赏析

浴后的苏珊娜

文艺复兴的均衡从此被打破了——彼埃罗·德拉·弗兰切斯卡透明的空间被撕裂，对称的宁静感炸裂开来，或处在一些疯狂的阿拉伯式图形内，通过破坏形和空间，丁托列托似乎是心怀痛苦地期待纠缠着他的幻景显现出来，这是通向未来的一个序曲。

《浴后的苏珊娜》描绘背景的手法与描绘女主角的手法极为不同，使得这幅画乍看起来仿佛缺乏统一。为了更直接地使人们感到这种不同，只需把图像分成两部分就行了，左方，占画面的三分之二；右方，占另外三分之一，是贞洁的苏珊娜的天地。

一部分是用深远的空间构成的，有着近似逼真的效果；另一部分则是平面上显示的剪影，就像壁挂中的情景；一部分处在阴暗基调中，附以一些光点，另一部分则由裸体仅有的明亮色块构成，它放射着颤动的光彩，把自己的光明点染在风景上；一部分挤满了各式各样的形，从阴影中浮现出来的各种细节，就像真的蛇盘结在一起，在幽暗中不安地挤动；另一部分则是一派空气的单纯清明，只有一个明亮得近乎透明的轻如雪片般的形象。这幅画的意义体现在图像两极的紧张状态中，体现在这一结构的矛盾统一中。

对这件作品左部进行的分析，证明空间的构成和透视怎么会成为一种象征性表现的手段，像在戏剧布景中那样。平面和景，深度和体积在这儿如此紧密地交错在一起，使我亲身直接感受到有着曲折道路的一处错综复杂的迷宫。

圣马可的奇迹

三个长方形构成了基本的框架——形成一道屏风的深暗树篱的长方形，像一个楔子嵌入那以不安的异常方式急速缩减的透视中，进而穿透了空间，它根据一个陡峭的对角线把我们从前景中埋伏的老人引向远方的第二位窥视者。这种运动使我们的目光飞快地通过画面这部分，从而把我们移送到这个三角形的第三个顶点，苏珊娜的身体处会聚了窥视她的两个人物的色欲。在这儿，节奏改变了，它不再涉及像两位老人的头顶那样严格确定的一个点，而是涉及像的缓和波浪般散播的一片光流。这基本的潮流左右着这幅画的动态秩序，控制着我们眼睛的移动，以求全部抓住这一场面，接下来，在把我们领进一处真实的迷宫时，它将溢散开去。首先由于第二个长方形（也就是不同走向的镜子的长方形）弄破了叶丛屏风的透视，它在迫使我们往回来时，也就延缓了向灭点伸展的透视线。

前景上第三个长方形，那水塘的长方形，使这一运动停止了。虽然借助左边的水池石围栏与前两个长方形衔接起来，但是它的一边与画框平行，这条水平线不仅暗示了给定的东西，而且还造成使目光抛锚的效果，让它一下子固定在前景上。

最后的晚餐

这幅画空间的一些基本小体面组成的这三处主要的景，就这样有力地左右和限制了我们的视野。此外，阴暗平面的结构被一系列明亮的色块（如树篱上的花朵、镜子和水中的反射）缩小和减轻了。在这种被大大滥用的、分成一块块的透视中，直至在远景里长方形水塘的第二处景（它被前面的叶丛的深暗花边状网控制住，鸭子的白色强调出这处深暗的叶丛）中，在另一处茎秆和藤条的屏风后重复着母题的明亮水洼中，我们的目光，跟随着蝙蝠式的之字形路线，从一处平面移向另一处平面，它甚至粘在大量的细节上，如触手般盘绕在所有东西上的藤条、树枝，或仿佛要把整幅画包容在一个大鸟栏里的远方的栅栏。

然而，剪断空间的明暗色块的交替给画面加上了一种节奏。左边树下灌木丛中的明亮缺口，它本身又被阴暗的树干分为一些更小的部分；远方雾气笼罩的明亮天空处，雄鹿的细长影像镶在树枝黑色的雕镂首饰盒中；然后是被花朵、同时也被圆锥形树叶弄亮的一片阴暗的树篱；在一个阴暗的拱形之下，是一处新的明亮孔隙，这儿有着另一排树干，不过这次它们是明亮的，就像管风琴的管子那样颤动着；最后，在右边，粗壮有力的大树的模糊体量将作为陪衬，以便在这幅画的所有景象之外，把明亮的柔润肌肤抛给我们。

这一主要的对比，控制着所有其他因素并把造型的和人的意义赋予了这幅画。

苏珊娜没有被束缚在这个空间、这形的聚集、这些欲望的陷阱中，她摆脱了这一切。她的身体，被在背景上清晰衬托她的轮廓的素描的严格阿拉伯式图形勾勒了出来，她是老人和自然的全部同谋的机械装置（两位窥视者就在其中）无法伤害的。通过其结构本身，这个散发着健康的肉感气息的裸体，发挥着与这幅画所有其余部分相比而言是不受控制的造型作用。老人们的头像浮雕般显现在光线中，他们的体积是“圆转的”，暗示出他们的物质性、他们的人世重量；而在苏珊娜身上，丁托列托回避了精细的形体塑造，阳光在暗部戏耍，四肢也超出了准确的立体形；面孔本身，在浓密头发麦穗般的发卷下，被缩减为最基本的形态；耳朵上的一粒珍珠与配合它的手镯和镜边的项链，浓缩了光线并强调出这个身体的透明和轻盈，后背处的唯一波动线条把这个身体封闭住，它借助似乎是从这肉体里涌出的并借来它光辉的一堆衣物和珠宝，向着镜子的方向延伸着。

这种在两度空间上，向拜占庭圣像画固有的庄严呆板空间的回归，把苏珊娜的贞洁描绘得具有一种可触可感的鲜明性，完全就像那聪明得有点儿反常的用来描绘花园的运用文艺复兴复杂透视的做法一样（这种做法比描摹老人从小小藏身处出来的动作更直接地让我们感到他们的色欲）。

这种处理中压倒一切的戏剧性对比，那个时代威尼斯戏剧的极具特色的东西，还通过激动不安的断续笔触得到更有力的体现。丁托列托的画笔使这些笔触像电火花束般爆裂开来，同时拆散了光与影，让它们重新组合，让它们相互碰撞。

（佚　名）

YISHU RENSHENG 艺术人生

丁托列托于1518年出生在威尼斯，1594年也卒于此，他一生的创作都在威尼斯完成，因此被看成威尼斯画派中最地道的威尼斯画家。他的原名叫雅各布·罗布斯迪，因为父亲是个染坊主，人们就叫他“丁托列托”，意思是“小染匠”。也许是因为在斑斓的染坊中耳濡目染的缘故，他自幼对绘画产生了浓厚的兴趣，常常在染坊的墙上、地上乱涂，于是他的父亲将他送到提香的画室去学艺。

丁托列托

提香是当时威尼斯画派最杰出、最伟大的画家，可是他并没有发现这个学生的才智。由于少年时代的丁托列托飞扬浮躁，生就桀骜不驯的脾气，不遵守老师的指导，提香很不喜欢这个年轻人，曾经把他赶了回去。他却不以为然，21岁开始独立创作的生涯。经过艰苦的努力，终于在绘画上有所建树，创立了自己独特的绘画风格，那就是构图颇有胆识，善于在暗褐色的背景前使形象出奇制胜，运用一些难以表现的透视角度来描绘人物，以加强画面的紧张气氛，画面节奏之急速，令人望而目眩。

丁托列托很少用安详平静的调子，人的动势十分夸张，这固然出于艺术家的个性，但另一方面也反映着16世纪下半叶威尼斯社会思想的不安定。在那个时期，威尼斯的宗教思想已发生危机，种种骚动与不安都与反动的宗教势力的横行有关，因此下层人民的生活处于辛劳忧患之中。一方面是资产阶级的恣意作乐，另一方面是劳苦群众的悲苦境遇。

丁托列托也像老师提香一样，对神话和宗教题材的创作流露出强烈的兴趣。反映这些内容的作品有着丰富的色彩和强有力的视觉效果，体现了威尼斯画派后期创作中"糅合色彩与造型"的成功范例。在丁托列托最负盛名的女体作品《浴后的苏珊娜》中，丁托列托发挥了他描绘曲张健美的人体的专长，柔和的光晕使柔嫩的肌肤焕发出异样的观感。英国18世纪油画大师荷加斯认为这幅画的成就"的确比得上米开朗基罗"。

我们从丁托列托的许多画上，可以找到下层社会的人物形象（如码头苦力、水手等等）。1548创作的《圣马可的奇迹》，便是集中反映劳动人民凄惨遭遇的一幕情景，但画家是借着宗教的外衣把它表现出来的。在这里，圣马可的形象代表了威尼斯，全画的主题则象征威尼斯的独立与它那拯救基督徒的重大任务。画的构图在所有文艺复兴时期杰出的画家中都是罕见的。

丁托列托惯常画大幅的画，自称如果画幅不大，就画得不完满。在他为威尼斯总督府大厅绘制的《天国》中，10米高、25米宽的墙壁上，竟排摆下了700余个人物。这幅画与米开朗基罗的《最后的审判》并称为世界上最大的壁画，也同《最后的审判》一样来源于但丁《神曲》的构思。从某种角度说，丁托列托的作品已经离文艺复兴古典主义均衡、朴素的艺术原则很远了，完全是17世纪"巴洛克"化的风格，因此也有人称丁托列托为"巴洛克的开拓者"。

盲人引路

彼得·勃鲁盖尔(1525—1569)Pieter Brueghel 尼德兰

在这些欢乐、然而绝不简单的画中,勃鲁盖尔已经为艺术找到了一个新的王国,在他的身后,尼德兰的各代画家们将对那个艺术王国进行全面的探索。

——《艺术发展史》

16世纪新教徒基督教派为了促进西欧宗教改革,打击罗马天主教会,反对西班牙的异族统治,曾发起了破坏圣像的运动。在这个时期,尼德兰的一位画家站出来,以作品为武器,勇敢地揭露了西班牙军队和宗教法庭对尼德兰人民的残酷迫害,并鼓舞人民进行斗争。他就是有"农民画家"之称的伟大画家勃鲁盖尔。

1568年·86厘米×168厘米·那不勒斯国立博物馆藏

勃鲁盖尔的这幅《盲人引路》是16世纪欧洲绘画的顶峰作品之一。深刻的哲理寓于真实可信的艺术形象中是勃鲁盖尔的艺术特色。他所创造的无论是自然景色还是人物形象,都具有尼德兰现实生活的真实性,即使是夸张,也没脱离生活真实这一根本。

勃鲁盖尔对农民生活怀有深切的同情,他的绘画题材中很多都表现了民间习俗场面与农民生活方式,并以此来披露他对农民的感情。后来,勃鲁盖尔的创作转向了具有讽刺性的人物画,这种变化反映了他对尼德兰社会问题的关心。《盲人引路》是他的这种风格画作中堪称顶峰的作品,他的这幅作品完成于1568年,它是艺术家对人民运动中出现的消极与盲目现象的预见性讽刺。

JINGDIAN SHANGXI 经典赏析

在《盲人引路》中,画家为我们描

绘这样一幅生动的场面：六个瞎子互相扶持着，沿着画面对角线由左上方向右下方运动，却不知已陷入险境：领头的第一个瞎子已跌入壕沟，紧接着的一个被牵动着失去了平衡，等待其他瞎子的将是同样的命运。画中渗透着画家对尼德兰革命的失望和对人类命运的哲学思考，具有人生和社会的普遍意义。画家使用的形象语言十分贴切和深刻。一队富有个性和自以为是的瞎子，毫不怀疑地搭肩而行。背景是一派和平宁静的大自然，耸立的教堂，整齐的绿树掩映的农舍，树下的耕牛在静静地食草，一群快活的飞燕绕着教堂嬉戏追逐。世界如此美好，可是盲人一无所见，还是执著地、盲目地走着自己的人生之路，只要为首的一个倒下，后面的一群都必将落入坑中。由于他们弄不清究竟是谁之过，也只好互相埋怨了事，这是画家对人类命运发出的一个警告：一个国家、一个民族决不能由盲人来引路，否则必遭大难。

勃鲁盖尔在这幅画中采取了幻想和写实的形象相结合的表现方法，从《圣经》故事中选取题材。他重视对生活的观察和研究，常和友人到农村参加农民的活动，收集创作素材，在描绘农民的生活中找到表达他的思想感情的最好手段。此时正值尼德兰革命，他的艺术也日臻成熟。他表现的场景是以现实的人为中心，把对自然和社会生活的描绘融为一体，表达了他对农民的同情，也隐喻了这些善良的农民对世事和政治的警惕。

JINGDIAN SHANGXI 经典赏析

盲人的寓言

在《圣经》故事中，耶稣对法利赛人说："他们是瞎眼领路。若使盲人领盲人，二者必皆落入坑中。"尼德兰民间谚语也说："瞎子牵瞎子，一起倒霉。"

勃鲁盖尔的艺术的重大转折期发生在16世纪60年代，这个时期他的思想和艺术都趋于深沉化，尤其从他去世前一年所绘的那两幅画《绞刑架下的舞蹈》与《盲人引路》上可以看出，画家的艺术智慧闪烁着强烈的光芒，他对世事的观察力也更敏锐了。

农民的舞蹈

《盲人引路》一画的情调虽然显得悲凉一些，但思想内容比《绞刑架下的舞蹈》更深刻，对人民运动中出现的消极或盲目性因素，表现了画家更严重的关切与警惕。

有人认为这幅画是在抨击主教或神父所谓的"人民的引路人"，这种判断缺乏事实的根据。依我们看，它是对人民运动中出现的盲目倾向作整体性的评判，借了《圣经》的语言，说明盲从所带来的恶果，无异于像盲人跟盲人走一样，容易摔进壕沟里去。画上成对角线地画着六个瞎子，彼此手搭肩地前进，从左向右，从一个山冈不平之路往下坡蹒跚着，他们互相依赖，虽集中于听力在寻找一条通达之路，殊不知已进入险地。第一个引路人掉进了沟里，跟在他后面的一个瞎子便失去了平衡（这个人是全画的主要形象），等待他的命运可想而知了。后面的盲人仍一无所知，盲目相信前面的带路人。运动是复杂的，形象也富有变化，磕磕绊绊的节律显示了这些人的生活之路的艰辛。尤其是那个身子歪倒的右起第二个盲人，他的脸十分丑陋，一双被眼皮封着的空洞的眼窝和他那张因身子扭曲而显出可笑的脸庞，正朝着观众展示了一个悲剧人物的典型生活。

背景上有稀疏的几棵树干，远处有乡村教堂，银灰色与柔和的浅紫色构成乡野的宁静色调，充满着荒疏和凋零的情绪。前面六个衣衫褴褛的盲人形象，与这幅惨淡的农村景色，加强了事件的悲剧性，观者从中获得的只能是一种无限的感慨。画家有意在背景上补画远处一座教堂，也为了让观者对耶稣的"遗训"和农民运动中某些盲目性产生联想。总之，这幅画含义深邃，它是勃鲁盖尔极严肃的一幅寓意画。有人说勃鲁盖尔在这幅画上得出一个悲观主义结论，这是他的理想破灭的内心反映。但画家在去世前所毁掉的一些素描稿可以证明，他知道自己在画上的激进性语言，可能会牵连妻儿，他在晚年所显露的悲剧性形象，绝不是一种消沉的叹息，而是现实主义艺术深化的必然结果。

（佚　名）

YISHU RENSHENG Y艺术人生

勃鲁盖尔家族是欧洲美术史上一个著名的画家家族，老彼得·勃鲁盖尔的两个儿子均为画家，家族中其他人从事绘画的也很多。彼得·勃鲁盖尔于1525年生在荷兰北部的拉邦特州的勃鲁盖尔村，他的第一位老师是长于彩色玻璃宗教画的皮特·库克·凡·阿尔斯特，此人的妻子也曾教过他在细亚麻布上画水彩的方法，后来他又向安特卫普的一位重视民间版画的出版商兼画家伊罗尼姆斯·考克学习，并与之长期合作。考克是风景画家，兼营画店，对彼得·勃鲁盖尔的影响最深。

1551年，彼得·勃鲁盖尔成为安特卫普画家公会的会员。此后，他游历意大利、法国等地做修业旅行。他的旅行写生主要为风景画，其对自然的观察和描绘非常细致。他在意大利所作的《风景素描》是最早有年代标记的作品。彼得·勃鲁盖尔于1554年春天踏上旅行的归途，1555年，他在安特卫普为考克的画店印行了大量风景组画。1563年，彼得·勃鲁盖尔和他的老师皮特·库克·凡·阿尔斯特的女儿马莉结婚，后来移居到布鲁塞尔。同年，他便创作了以《圣经》为题寓意深刻的杰作——《巴别塔》。巴别塔是基督教解释世界各民族语言来源的故

彼得·勃鲁盖尔

事，而画家着重于描写建塔后所造成的混乱局面。在布鲁塞尔居住的5年是勃鲁盖尔创作最旺盛的时期。

勃鲁盖尔的画作洋溢着浓郁的人文主义色彩，他往往借用传统题材或民间故事对统治阶级进行辛辣而幽默的嘲讽。作为艺术家，勃鲁盖尔的创作是严肃而深刻的。在他创作的许多以下层群众为主题的作品中，他恪守着艺术的真实性，又不失生活的淳朴活泼。在《农民的婚礼》中，他画了一大批面相粗俗、衣着简陋的农民形象（甚至看不出谁是新郎新娘），唯一的共同点就是这些人都在不顾一切地大吃大喝。《农民的舞蹈》以逼真的手法为观众呈现了农村喜庆的热烈场面，非常真实可信，从画面上那拙劣可笑的舞蹈动作就可印证这一点。

此外，勃鲁盖尔的绘画中有着大量的北欧象征主义倾向，琐碎怪异的形象以一种光怪陆离的表现方法展现在观者面前。有些画作足以使今天标新立异的超现实主义画家为之低首，如《天使的背叛》描写背叛的撒旦，《死亡的预言》是对未来尼德兰命运的深深忧戚。

勃鲁盖尔于1569年5月9日卒于布鲁塞尔，他的许多作品已不能传世，因为在他去世前，为避免给后代带来麻烦，他毁去了大量批判性过于强烈的作品，这不能不说是世界艺术史上的一大遗憾。

吉卜赛女郎

弗朗斯·哈尔斯(1580－1666)Haersi F Hals 荷兰

一切优秀的肖像画,都可以使人们从中看到"历史如何形成人,人又如何形成了历史"。哈尔斯那些以普通群众、下层人民为对象的肖像作品,正是具有这种力量……美目流盼的吉卜赛姑娘,俊俏里带着一种"野"味儿。哈尔斯笔下的这位美貌泼辣、自由不羁的少女形象,几乎成了300年来文学、戏剧、电影导演们理想的吉卜赛姑娘的典型。

——《西方艺术史话》

17世纪,摆脱西班牙统治的尼德兰北方省份,建立了资产阶级共和国,这就是荷兰。在这块新获得自由独立的土地上,绘画的领域是一派金黄的丰收景象。各个城市都有自己的画家。阿姆斯特丹的伦勃朗、哈莱姆的哈尔斯、代尔夫特的弗美尔,是当时荷兰众多画家中最杰出的人物,被称为荷兰绘画的三驾马车。

这三位画家中,年纪最长的是哈尔斯。他的主要天赋是在肖像画上,并且特别擅长捕捉瞬间即逝的表情。哈尔斯从1630年至1650年这20年创作盛期内,一共完成了100幅以上的单人肖像和6幅群像或家庭肖像。在这些作品中哈尔斯采取了像西班牙画家委拉斯开兹那样的直接画法,尤其善于使用粗放自如的笔触,明快有力地塑造生动的形象。

这幅《吉卜赛女郎》是他最具代表性的肖像杰作。画家运用饱含激情的笔触,塑造了一个性格爽朗、活泼奔放的吉卜赛女子——她披散着一头黑发,敞开着领口,脸向着画外,露出一丝狡黠的微笑。把一个无拘无束、什么都不在乎的吉卜赛少女的性格,表现得极其生动、准确。画面色彩明快,笔触流畅奔放,具有被人称为"往画布上扔颜色"的豪放画风,达到了形式与内容一致的高度完美。

KUANGSHI JIEZUO 旷世杰作

17世纪荷兰著名画家哈尔斯平常喜欢接近下层人民,时常出入那些平民的饭店、酒店,对他们的生活相当熟

1628～1630年·58厘米×52厘米·巴黎卢浮宫博物馆藏

悉。在创作盛期，哈尔斯描绘了一系列来自民间的人物形象。在一幅画上虽只描绘一个人物，但每一个人物都好像来自喧闹的人群，而其周围则能联想到许多别的人物。这些人物形象洋溢着尼德兰人的有点粗鲁的幽默感，但不失生命的活力。哈尔斯着意刻画的笑脸从画面上对着观众，表现出人物性格的直率和坦荡，无怪当时人们称哈尔斯为"笑的画家"。

这幅《吉卜赛女郎》肖像画是哈尔斯的代表作之一。看到这幅《吉卜赛女郎》时，我们都会不禁联想：这个姑娘是从什么地方而来？她看到了什么？她的生活过得怎么样？在这个姑娘身上发生了什么事情？她微妙的笑容是为了什么？哈尔斯在创作这幅画的时候又发生了什么事情呢？这些事情后人已经无法知道了，但是，越是这种空间广阔的遐想余地，越能体现出这幅画的高深功力和长久魅力。

我们不必在乎画中人姓甚名谁，也没有必要在乎她是否出身卑微，她也许就是某个酒馆里喝酒的吉卜赛女郎，我们从这幅画可以感觉到，她那张脸上带红晕而略显醉意的微笑，表现吉卜赛姑娘的无拘无束、自由自在的爽朗性格。弗朗斯·哈尔斯运用鲜明强烈的色彩、奔放流畅的笔法，在生动表现人物外貌形象的同时，又以敏锐的观察，准确抓住女郎瞬间的心理状态，加强了肖像画的艺术表现力。

哈尔斯从事肖像画创作时，正是荷兰人为争取独立而与西班牙的反动统治展开紧张斗争的时候，他主动刻画与自己同时代的人，并创作出一批直接来自生活——从官吏、中产阶级到下层劳动人民的典型人物形象，表现出画家的民主思想和对人民形象的浓厚兴趣。值得一提的是，这幅画虽名为《吉卜赛女郎》，但画中人却具有很多荷兰少女的外貌特征。

弗朗斯·哈尔斯的笔触，犹如他的心迹。他是一个直率的画家，在他的作品中，没有神话的虚构，也不作寓言式的暗示，只有坦诚的胸怀和直面生活的感情，这也是荷兰绘画的最大特色。

JINGDIAN SHANGXI 经典赏析

吉卜赛女郎眉目间传神的魅力

弗朗斯·哈尔斯是个相当出色并富有艺术个性的肖像画家。他具有火一般的热情，他能毫无成见地一眼看到对象脸上的瞬息流露的感情，并以奔放而巧妙的笔触神奇地表现在画布上，给人以活灵活现的感情交流。他一生的艺术创作主要是肖像画。他的肖像与众不同，他的观察力十分敏锐，极善于捕捉人物脸上一瞬间的情绪，表现手法也豪放。看他的肖像画，总觉得人物神采飞动，栩栩如生。

《吉卜赛女郎》是他最具代表性的肖像杰作。吉普赛人是浪迹在欧洲各地的一个流荡民族，原住在印度的西北部，由于无长期固定居点的生活，使他们学会了各种技艺，性格也分外开朗、活泼而且奔放，年轻女子尤擅歌舞。他的《吉卜赛女郎》完全摆脱了豪华奢侈和虚伪造作的旧俗，冲出表现神话和宗教的题材范围，把描写对象推向广阔的现实生活，表现了当时社会中一种类型的人物。在这幅画上，弗朗斯·哈尔斯以跳跃的笔触和轻松的色调使这位热情奔放的吉卜赛女郎的天性展现在画布上。哈尔斯抓住女郎掉头一笑的瞬间，准确地把握了脸部五官的明暗过渡及表情，对她的头发和上身的衣裙却以疏笔方式随着兴致所至，挥洒自如，颇有中国写意画之感。哈尔斯的这幅作品中，既表现了那种新鲜的直接得自生活的印象，又具有准确的性格刻画以及用高度绘画技巧所作的详尽描写。他以略略几笔勾画出人的脸，使之栩栩如生。在这里，哈尔斯有意给这个女郎的脸上增加了一点红晕。看来她是刚喝了几口酒，呈现出一种兴奋的情绪，正在朝一个画外的人物调笑。这正是这幅具有风俗性的肖像画的特点。此外，形象尽管被描绘得很俏皮，但仍能显出她的豪爽性格。她是一个自由的、富有热情的吉卜赛少女的典型。她没有思想的束缚，也不带有宫廷妇女的矫揉造作，相反，姑娘那种民间气质被画家以圆熟的技巧，热烈的色调准确地刻画出来了。评论家认为，哈尔斯的许多肖像作品，与其说是肖像画，不如说是风俗画更恰当些。它简直是市民日常生活的一幅“快照”或一截片断。但哈尔斯是一位从不轻浮、草率的艺术大师，他的潇洒的技法总是以真实的感受为坚实基础的，不仅突出人物的面部和身姿，而且更着意刻画人物的内心表情。

哈尔斯这幅《吉卜赛女郎》风俗肖像画的突出特色在于两点：其一是丰富的现实阅历给予他刻画人物的深厚功力，极为善于抓住人物内心以表现人物；其二是用笔粗犷却不失真实，大面积的横向运笔，彰显了人物特有的个性。《吉卜赛女郎》正是上述许多特点的集大成者。著名的《吉卜赛女郎》（据说她就是“叶塞尼娅”的原型）整个画面好像是不假思索一挥而就，一种人民大众的豪气感应运而生。哈尔斯是杰出的现实主义大师，他的命运也决定了他不可能与古典主义有丝毫的关系。除了这幅《吉卜赛女郎》之外的许多肖像创作上，尤其对微笑的捕捉堪称别有心得，他总是摄入瞬间的表情，这是一种似笑非笑的表情，但人物的下一个表情一定是开怀大笑。从《吉卜赛女郎》低回的眉目间，我们能够深刻地体会到这种传神的魅力。

（佚　名）

哈尔斯生于佛兰德斯的梅赫尔港。其父是来自荷兰的毛纺工人，1590年，他们全家迁回荷兰，在哈莱姆市定居。哈尔斯整个一生的创作，都与这个城市联系在一起。哈尔斯自幼顽皮聪明，在进入卡·范·曼德尔的画室学艺后，不久即显示出超人的绘画天赋。1610年他加入了圣路加行会，开始了一个职业画家的生涯。

成年后的哈尔斯放荡不羁，喜贪杯中之物，常常在城市阴暗的酒馆豪饮，以求慰藉。作为8个子女的父亲，他肩负难以承受的生活重担，脾气恶劣的画家经常和妻子吵架，甚至酒后虐待妻子，因此受到法院的多次传讯。当地的市民对这个才华横溢而又自甘堕落的画家表现出同情和尊重。市长经常在画家入不敷出的时候救济他，上流社会的人也经常邀其参加他们的社会活动，哈莱姆的著名学者、军官、商人都以拥有哈尔斯的肖像为荣。

哈尔斯的画风完全摆脱了以他老师为代表的意大利式的学院派风格，他描绘的主题就是形形色色的荷兰人。画家试图生动地刻画他们的外貌、心情和世界观，在画家的笔下，这些荷兰人有时显得活泼、乐观、求实、刚毅，有时则显得不幸、失望而自甘堕落。

《圣乔治火枪手会的宴会》是哈尔斯得以一举成名的早期代表作。该画是在荷兰独立战争胜利后不久，应火枪手会的邀请创作的。该会的勇士们

弗朗斯·哈尔斯

在反对西班牙的战争中英勇战斗，屡建奇勋。哈尔斯的作品为这群荷兰的英雄唱了赞歌，在当时的荷兰引起了民众的极大共鸣。

在以后的年代里，哈尔斯创作了一系列同类题材的群像作品，其中较为出色的有《李哀尔上尉和布拉乌尔少尉的火枪手会》、《圣安德里昂火枪手会的宴会》、《圣安德里昂官员的会议》等。这些作品人物关系紧凑，气氛热烈，构图统一，成为17世纪荷兰绘画的经典。

哈尔斯的创作是与他的生活环境相联系的，他出身平民，尽管才气横溢，但至死也未摆脱生活的穷困。在前妻亡故后，他娶了一个没有文化的女人里斯特·雷尼尔斯为妻，不久又成为几个儿女的父亲。养家糊口对画家来说是一件非常艰难，有时甚至是

难以承受的负担。这个穷困的画家只能终日泡在小巷酒馆，以逃避现实。他描画的也大多是陌路穷巷里的人物，他们有时乐观豁达，准备抗争命运，迎接挑战；有时则心灰意懒，悲观失望，醉生梦死。画家的笔触，就如他内心的心迹，一会儿晴，一会儿阴。

酗酒带给哈尔斯的是个人情感的充分放纵，却没有打消他对生活的热情，他追逐着笑的瞬间，并把它们永远地留在了画板上。在他的笔下，除了活泼的来自民间的下层人物，也有高谈阔论的军官们及商人、贵妇等。这位捕捉欢乐的大师饱尝了生活的辛酸，1666 年，在伦勃朗去世两年之后，他也在贫病交加中猝然辞世。在死后成就还被埋没达 300 年之久，直到印象派绘画的兴起，经马奈、莫奈等人的发掘，哈尔斯才得到他在历史上应得的尊崇。

宫娥

迪埃戈·德·西尔瓦·委拉斯开兹
(1599—1660)Diego de Silvay Velazquez 西班牙

《宫娥》这幅画的一切都很完美，技巧、形式、色调，每一部分都使人惊奇——这是一个活的人，这是所有过去的绘画中高于一切的绘画。

——俄国画家　苏里柯夫

17世纪时，西班牙宫廷以优厚的条件请了一批画师，专门来描绘宫廷人物肖像和皇室的重大事件，使得绘画从为宗教服务转向为宫廷贵族服务，这时期先后出现了两位著名画家——委拉斯开兹和戈雅。委拉斯开兹是一位现实主义画家，他是那个时代最有光彩的画家，离开他，就无法想象那个绘画的黄金世纪。他的笔下常常出现皇家贵族们傲慢与贪婪的形象，曲折地揭露了统治者的昏庸与腐朽。而对宫中下层侍从、宫女和被贵族当成玩偶的残废者以及一般平民，却给予深切的同情，反映了他们的智慧和品德。

委拉斯开兹在晚年创作了两幅著名的作品，一是《纺纱女》，一是《宫娥》(又名《美尼娜》，即宫女的意思)。从17世纪50年代起，宫内的职务使画家整天忙碌不堪，经常不得不放下手上的绘画去接受意外的装饰任务。他既管国王府邸的室内布置，又要组织宫廷的庆典活动。《宫娥》一画是他任宫廷总管后忙里偷闲完成的精美画幅之一。

福柯认为委拉斯开兹的《宫娥》是古典知识型的一个绝妙图解。《宫娥》这幅情节性的室内群像画描绘了真实的西班牙内宫生活场景和历史人物。变幻而统一的光线，丰富而又和谐的色彩，是典型的图绘风格的名作。同时，这幅画也具有特殊的历史意义，就像在塞万提斯笔下，神话的真理和日常的现实不断地交织在一起，在委拉斯开兹笔下，这幅画是自然与其反映的结合点，是散文与诗的结合点。

KUANGSHI JIEZUO 旷世杰作

《宫娥》这幅画在1656年刚完成

1656 年 · 371.7 厘米×274 厘米 · 马德里普拉多美术馆藏

时题名为《国王之家》。画的是委拉斯开兹在画室作画时的室内一瞥：中央的小主人公——国王的女儿玛格丽塔刚进入这间画室，前来观看委拉斯开兹为其父王和母后画肖像。周围有宫廷侍女护拥着，背景深处有一扇门，光线似乎从这一扇门外透入室内。在这间显得杂乱拥挤的画室里，画家有意把入室的宫女摆成随意的位置，好像这些人物是偶然走进画面的。他在前景右侧画了一个侏儒宫女和一条卧地而坐的大狗，最右侧有一个小侏儒正伸腿去踢那条狗。左侧在小公主身旁的宫女正蹲下来给公主送上一杯水。在小公主左手一边的一个小宫女，手提撑裙欠身地向她请安。后面还有两个次要人物，即宫内的侍从，似乎在说着什么。

委拉斯开兹以薄而淡的笔调表现了小公主身上那个玫瑰色撑裙，质感分明，颜色鲜艳。金黄色的头发衬托出她的嫩脸上几根淡淡的青筋。她似乎先看了看画面，然后再侧过脸来瞧瞧画外远处被画的父母亲。我们从背景墙上挂着的那面镜子里看到了国王与王后的上半身影子。画家本人也入了画，他站在大画布前，整个大半身被画得很清楚。几双眼睛的视线都投向画外，使观者产生了联想，从而也扩大了绘画的空间。

纺织女

再从色彩处理与光暗表现上看，画上的背景阴暗部分是灰褐色。后面进入强光的敞门处，用的是象牙白。这使画面中景的小公主的头发与裙服受到光照，有利于委拉斯开兹把大撑裙的丝织品的质感与细巧的做工明显地展现出来。她身旁两个宫娥的衣着颜色较暗淡，左边是青灰色，右边变为鼠灰色，而靠近前景的那条狗是富有暖意的赭黄色。其他人物，由于屋内光线不足，都是暗黄或暗绿色。凡承受光线的地方，色调稍亮些，银灰色随环境而出现。因此，全画仍以小公主身上的颜色为中心。委拉斯开兹身上的色彩最深，其余和谐统一，相得益彰。

在这幅画上，所有形象都是真实人物，没有一个虚构的形象。即是说，这是一幅多人物的情节性的肖像画。不管怎样，委拉斯开兹是以现实生活为典型来概括处理这个场面的，充分显示了这位现实主义大画家的写实功力。

JINGDIAN SHANGXI 经典赏析

《宫娥》的真相

通过与宫廷肖像画的豪华风格的惯例决裂，通过发现一幅画中画（就像莎士比亚在《哈姆雷特》中设计的戏中戏），委拉斯开兹敞开大门，让户外的空气和阳光进入阴沉昏暗的宫殿，由此，鲜明地展示了一种除塞万提斯之外典型的西班牙传统（这种传统就是人的两重性和混合了人的梦想与人的现状的传统，就是洛卜·德·维加的传统——“对我来说，大人物和普通百姓在我的梦中混合出现时，他们是同等的”），为此，他把我们请出了皇宫的圈子。

泰奥菲勒·戈蒂耶站在《宫娥》前曾问：“这幅画在哪儿？”这件作品立体感极为强烈，人们感到能在其中行走，从镜中形象到画中形象，就像穿过一个真实的房间，走进那些特有的空气和光线笼罩着的人物之中，毫无中断的感觉。然而，这与抄袭的、照相式的自然主义毫无共同之处。委拉斯开兹在最平凡的事物中捕捉到存在的诗意，他从自然中抽出魔力，从现实中抽出梦想。

当委拉斯开兹这位大师描绘国王和王后（人们从背景处的镜子里窥到了他们模糊的影像）时，小公主及其随从进入了他的画室，然而这件事并非真正的题材。真正的题材是光线，光线在人体上跳跃着，使它们既具有这种真实的存在性，又具有幻想或梦想的非真实性。

问“这幅画在哪儿”，这就不仅仅是感觉到这幅画的空间和光线以及这个大厅的空间和光线间的连续性的问题了。这不再是到这幅画之外寻找真正的题材的问题了，根据镜中的影像，在画外的地方，在画家视线注意的那一地点，本应当安排国王和王后，但我们也就处在这同一地点，因而我们这些观众侵占了他们的位置。这就是对画家把我们事先列入其中的惊人之处，因为如果人们用一个真实的镜子取代那个有着画出来的国王和王后的模糊影像的镜子，那么出现在它之中的就会是在这光线之网中的被捕捉到的我们的形象了。

从三处光源出发，构成这幅画，委拉斯开兹使他的每一个人物成为一种显现的幻影；这三处光源是：前景上从右侧窗户投射的光，中景处从女仆和侍卫身后的第二个窗户投进的光，最后还有背景中的门带进来的强光，在这强光之上，鲜明地显示着逆光站着的王宫主管。因而形成了三处光区和两处半明半暗区的交替出现。

从小公主闪光的金发开始，所有色彩像泛音一样配置在画面的这个部分里。紧紧抓住光线的每个细部——衣裙的反光、饰带或花朵、别的妇女的头发、绣品和首饰，仿佛都具有这个光环或这个光晕的性质。笔触的形本身加强着这种音乐般的统一，从近处看，每个形分解为一个个小色块，就像后来在印象主义者笔下那样；从远处看，这些色块，由于视觉混合，组成了一个以显现的幻影形成的现实的整体。这些形的完整倾向，正如这些色块的综合，带给我们的不只是视觉感受；它还把那只有触觉才能向我们揭示的现象传达了出来，这就是每一事物的物质的坚实性和微粒，伯伦逊称之为"触觉调子"的东西。

现实生活，当它这么有力地被捕捉住时，就不会停留在写实主义上。波德莱尔说："一幅好的肖像画，在我看来永远像一部戏剧化的传记，更确切地说，像整个人固有的自然的戏剧。"

委拉斯开兹对描绘个体的关心，早在《宫娥》之前就已经显示在他有意使每个存在具有特点的做法中，哪怕是难看或畸形的东西也是如此，这激发委拉斯开兹创作了一系列令人心碎的侏儒、残疾人或丑角的肖像画，这之中包括了他最有力的作品。

首先从一个单纯的事实出发，那就是人物只占据着这幅画微小的一部分，还不到表面的一半。上部是精湛而又富有音乐性的一处空间构成，它是一首毕达哥拉斯的诗。上部和下部各又划分为两个不同的部分：一个，由天花板与墙壁的连接处划分；另一个，则由墙壁与地面的连接处划分。在这两种情况中，这两条线都是根据"黄金分割律"确定的。以一系列长方形（挂着的画的长方形、镜子的长方形、门的长方形，以及在左方起着平衡作用的一幅画的长方形）对称地组成了背景的墙壁。这种事物的均衡也加在了两两配合的人物身上——向小公主俯下身去的两位宫娥、画家与侍卫、相对照的美丽小公主和丑怪女侏儒（后者是对前者的滑稽衬托，但仍很好地配合了前者）。

最后，在这些长方形的安排中，或者在那些与垂直决裂的直线的安排中，有意违背了均衡。当小公主处于这幅画下部的几何中心和右方墙壁透视线灭点指向她时，那掩盖了左方的画布框就把这幅画的中心线移向了右方。因此小公主也就不再占据着中心位置了。因而发生在这里的一切，就好像委拉斯开兹系统地推翻了传统的等级制，就好像他在造型领域实现了一种转化，这种转化与文艺复兴时期宇宙学领域中，从托勒密体系向哥白尼和伽利略体系过渡时实现的转化是相似的。

（佚　名）

YISHU RENSHENG 艺术人生

在昔日的艺术作品中，以委拉斯开兹的作品为首屈一指。

——俄国画家　列　宾

17世纪伟大的现实主义画家委拉斯开兹生于西班牙的历史文化名城塞维里亚，父亲是当地的一个下等贵族。与许多大师级的画家一样，委拉斯开兹从小喜欢绘画，并显示出极高的创作天分。他的父母非常支持他，亲自把12岁的迪埃戈送到号称“塞维里亚的米开朗基罗”的埃里拉家里进行系统的训练。然而不久，迪埃戈发现这位以刻板的临摹为要义的老师根本不对自己的胃口，于是毅然离开了埃里拉的画室。

爱情可以成就事业吗？当然可以，委拉斯开兹就是极好的例证。15岁的他走在大街上，看到一位美丽的少女，少女如花的面庞深深地迷住了委拉斯开兹的心。他尾随到了少女的住所，而少女的父亲帕切科正是位著名的画家，委拉斯开兹于是毫不犹豫地拜师学艺，不过与其说是为了向画家父亲学习画艺，不如说是为了追求待字闺中的小姐。这种有些滑稽的初衷却使委拉斯开兹真正受益匪浅，帕切科是位严谨求实的绘画理论大家，他教给这个年轻人如何师法现实、寻找素材，如何对事物进行敏锐的观察。仅仅过了两年，学生的才能完全被开发了出来，这时期他创作了许多杰出的现实题材作品，如《卖水的老人》、《煎蛋的老人》等，在塞维里亚也算是小有名气的艺术家了。另一方面，与小姐米兰达的感情也取得了最终的进展，19岁那年，一对热恋的情人终于结合在一起。

身兼岳父、老师双重身份的帕切科更加积极地开发委拉斯开兹身上的才能，竭尽全力地把他培养成为一个独立的画家，特别是介绍给塞维里亚市长的儿子——艺术爱好者奥里瓦斯伯爵，这成为后来女婿发迹的开端。不久，菲利普四世起用伯爵担任总理大臣。与此同时，伯爵所喜欢的委拉斯开兹，也做了国王的宫廷画家，住在马德里的皇宫里。

布列达的受降

25岁的画家与19岁的国王从那时起便建立了深厚的友谊，国王终生不再任用其他的画家为王室画像。不久，西班牙宫廷里来了一位重要的外使，这便是大画家鲁本斯，国王招待他住在皇宫里，公务之余就来委拉斯开兹的画室作画。鲁本斯惊异于这个小他22岁的年轻人的才华，和那与自己迥异的优秀的创作风格，力劝委拉斯开兹一定要去意大利学习。在他的努力下，29岁的委拉斯开兹开始了在意大利的两年进修。他精研了文艺复兴时期历代大师的杰出艺术成就，特别是对威尼斯画派对色彩的运用颇有心得。

回国后，人们发现他所画的肖像造型更为优雅精确，难能可贵的是有一种隐于纸内的慑人力量，高度的写实功力与对色彩的巧妙把握使他的肖像作品充满了神奇的魅力。菲里普四世以他私藏的这位丹青圣手为荣，把他所作的肖像当做外交上的重要礼物，甚至把画家借给欧洲各王室显贵以显示政治上的宽宏。于是委拉斯开兹便集荣宠于一身，他不仅是宫廷的首席画家，还是皇宫的艺术总监。这自然招致了许多自命正统的画家的嫉妒，嘲讽他只会画肖像，是个“人头”画家。这件事也真正激发了他的艺术斗志，想在其他方面展现自己的才华，这才有了后来的《纺织女》、《镜中的维纳斯》等一系列不朽的杰作。

委拉斯开兹的生活基本上与卑躬屈膝联系在了一起，他终生为王权服务，入宫后早期的真正的写实作品就从他的创作中消失了，他的生活几乎在单调乏味中度过，只是不停地画肖像，以至所作的肖像作品占到全部作品的5/6。61岁时，他被任命为公主与法王路易十四婚礼的礼仪官，为婚事大操大办，事后过度的劳累夺去了他的生命。

帕切科曾经自豪地说：“我的学生仅次于鲁本斯。”然而在今天看来，委拉斯开兹的成就非但不在那位巴洛克大师之下，有些方面似乎还超过了鲁本斯。他的现实主义美是任何冠之以激情美感的作品无法比拟的。也许，后世曾经想象——如果给他以自由，他的艺术成就应当远不及此。也许注定是只锐意苍天的雄鹰，却被养在了金丝雀的笼子里。

夜巡

伦勃朗(1606—1669)Rembrandt 荷兰

油画《夜巡》无论从艺术性还是从思想性上看,都是无可指责的。伦勃朗坚持不修改,坚持了他的艺术信念和为人民所肯定的现实主义艺术原则。不久,画家的妻子去世,创作上与生活上的双重打击,给他的生活造成了不应有的坎坷。尽管如此,画家没有离开自己的创作道德,他岿然独存,不因此而迎合当时资产阶级的胃口。

——《外国美术名作欣赏》

如果在浩若烟海的世界艺术史中排列出五位顶级美术大师,伦勃朗当之无愧地便是他们中的一位。他独特的绘画方式代表了北欧民族的最高艺术天分,当我们提到"光和影"时,首先浮现在脑海中的也许并不是印象派的画家们斑斓的作品,而是这位 17 世纪的绘画巨匠的一系列画作,他那包裹在神秘光感中的作品引起了人们对画面蕴涵的气氛的无限遐想。

伦勃朗被称为"夜蛾",原因大概是他的作品好像是在"短视"的情况下画成的,《夜巡》是他以强光黑影的手法所画的一幅最辉煌、最重要的作品。伦勃朗在对光线的处理方面的造诣无人可及,这也使他的这幅画作极难模仿。这幅画是荷兰流行的群像画,可以说伦勃朗是群像画的高手,他的成名作《杜普医生的解剖学课》就是群像画。如果伦勃朗实际一点,不把对艺术的追求看得那么重,他满可以仿照那幅使他名利双收的群像模式画《夜巡》。可是伦勃朗并不是一个甘于墨守成规和为了"生意"而作画的人,他选择了变革之道,力求赋予群像新颖的面目。

K 旷世杰作 KUANGSHI JIEZUO

《夜巡》是伦勃朗年富力强阶段的代表作,同时也是一幅不朽的名作。画面描绘的是射击手们为了执行一件公务准备出行的景况。正中着黑衣、左手前伸的是队长,他正与身边的副队长谈着,其余的人物被安排在左右两侧和后景中;他们有的在擦枪,有的

1642 **年 · 363 厘米×437 厘米 · 阿姆斯特丹国立美术馆藏**

在击鼓，有的挥舞旗帜，充满一片繁忙和紧张的气氛。画面没有选取列队前进的瞬间，而是将各种人物分成自然组合的三组，通过明暗与穿插，形成结构严谨、层次分明、主次清晰的画面效果。画面的明暗处理和光影变幻呈现出一种异样的、神秘的气氛，使该画具有非凡的艺术魅力。

《夜巡》原名叫《柯克队长与鲁依登伯赫副官的联队》，是为阿姆斯特丹民警总部绘制的团体肖像画。伦勃朗想赋予这幅画戏剧性和震撼力，于是在画中突破了以往团体肖像画将人物随意拼凑在一起的传统，将两个主要人物柯克和鲁依登伯赫放在主要位置，其他人放在他认为适当的位置，表现出他们紧急集合准备出发的瞬间，描绘了这一场面的紧张和仓促。大尉和中尉站在画面的中央，神情镇定，他们似被舞台灯光所照亮，显得十分醒目，周围的射击手则沉浸在或明或暗的光影里。伦勃朗是用光的大师，在他的手中，把卡拉瓦乔的阴暗对照法推到了更高的境界。在《夜巡》这幅画上如此生动的场面，如此真实的人物和空间，若离开精妙的光线处理带来的种种明暗变化，是无法想象的。《夜巡》这幅画不仅摆脱了集体照那种呆板构图的群像画，而且用一个事件或情节将众人串联起来以使整个画面富有活力。

可这幅画并不被主顾们接受，那些同样出钱“照相”、却被置于角落和阴影中、甚至被遮挡住面孔的人，是不会高兴的。在这里，艺术和现实要求发生了冲突，但伦勃朗表示，对这幅画不会做任何的修改。《夜巡》是画家生活由富裕转向贫困转折的作品。伦勃朗因为把艺术、名誉和自由看得比金钱更重要，而不愿迎合资产阶级和小市民那种平庸的艺术趣味而降低作品的艺术性，不愿放弃自己的美学观点和表现手法，因而得罪了那些没有丝毫艺术欣赏力的订画者，在生活上很快沦为贫民，而且从此不再收到他们的订单了。也正因此，伦勃朗不再为社会上层所重视，他的画无人问津，日益潦倒。这幅画后来因为不断地受到烟熏和后涂上的多层亮油而变成褐色，被误认为是夜间，故称“夜巡”。

今天看来，历史已经做出证明，《夜巡》是一幅不朽的名作。从这幅画中，我们可以体会到伦勃朗的人生信条——“比金钱更重要的是名誉，比名誉更重要的是自由”。当我第一次面对《夜巡》之时，我立刻呆住了，那几乎是上帝的杰作啊！那种由色彩和光线共同雕刻出来的斑驳感受，那种色块、笔触、颜色的颗粒和虚虚的边缘组成的神秘的肌理，还有那神秘的色调，难怪别人都以为是夜景。生活在这个没有激情的年代里，陈杂、荒唐和虚情假意让我无法了解那个时代人民的热情和对国家的挚爱。19世纪是个理想主义的时代，而在我们这个世俗主义时代，艺术是何其的萎靡不振，一个没有激情的年代里，艺术是苍白无力的，它停留在一些表面的虚无的探索与追求上。

JINGDIAN SHANGXI
J经典赏析

让伦勃朗伟大的《夜巡》

当我第一次读到伦勃朗的《夜巡》时，我为我们这个时代浅薄但自诩为先锋的画匠的高谈阔论感到悲伤。我们这个年代的艺术家们忘记了他们的现实与这个热血的年代，他们沉浸在那些怪诞的概念中，他们醉心于名利之中不敢面对现实生活和艺术家的良心时，他们选择了逃避。在艺术上我一直以为自我否定并不是自我革命。

当我从一本画册上目睹这幅画时，我震撼了，为那个时代的热情，为那个时代带给我们的艺术的源泉和灵感，为那个时代的勇气与正义，为那时艺术家们的勇敢。

那一张面孔不断在我的眼前转动。我觉得自己变得激活起来，激情陡然上升，四肢似乎想急匆匆地赶上那个时代的步伐。我怀疑我在这一刻我那颗如同井水一样波澜不惊的心怎么会因为一幅画变得热情起来。虽然四周的生活依旧平淡苍白，厚厚的壁障和世俗的眼光不断如冷水一样袭了过来，书生的雄心壮志和现实之间的落差让我心如枯水，但我知道我依旧不愿丧失那种热情。

伦勃朗

因为画面上的班宁·柯克和威廉·凡·鲁依登伯赫交谈的话语，因为画上的每一个人在告诉我，一个时代最不能丧失的是信念与热情，是它们支撑着这个时代。伦勃朗说他要让人记住这个时代，于是他画下了这幅令人震撼的《夜巡》。

黑暗的生活从来不希望有人觉醒，所以制造黑暗的人一直希望黑暗永存下去。他们是那样憎恨揭露他们黑暗的根源的人。于是《夜巡》之后便是各种无休无止而且道貌岸然的诉讼，连着打击、压制，制造黑暗的人习惯用这种方式来维护自己的黑暗统治。于是这幅后来给伦勃朗带来辉煌并让后人永远缅怀的画作，在伦勃朗的有生之年带给他一个孤独的悲惨的晚年。但是黑暗终究要过去的。是《夜巡》，是这幅伟大的画作让伦勃朗成为有史以来最光彩耀人的画家。

（郑小琼）

YISHU RENSHENG 艺术人生

伦勃朗1606年出生在荷兰，是荷兰莱顿地方一位面粉商的儿子。当时莱顿市有名的大学聚集着荷兰众多的学者、文人，于是父亲让伦勃朗上大学，打算把他培养成法律学家，但伦勃朗爱好艺术更甚于法律。

在少年时代，他总是到郊外去画大自然的风景，并把它们送给乡邻和朋友，这个习惯一直保留到上大学时。虽然在高等学府学习，伦勃朗却无心于书本上考究过时的东西，不到7个月便办了休学，找老师学画去了。这个初出茅庐的少年，以出奇的天分很快在画家中引起波澜。

17岁时，伦勃朗来到阿姆斯特丹闯荡，找到了同乡的前辈画家拉斯特曼，并做了他的学生。他的画艺进步得很快，当他回到故乡时，已经是众望所归的青年画家了，在小城中有了显赫的声望。

伦勃朗24岁时的成就已经是有目共睹的了，他定居在阿姆斯特丹。名誉与金钱在他并不需要的时候向他伸开了臂膀，画肖像的订单陆续不绝，他的铜版画也很受欢迎。这时美术商威廉布尔成了他家中的常客，两人结成了好朋友。不久，一位风姿绰约的少女走进了伦勃朗的视线，她就是威廉布尔的表妹莎斯基娅。伦勃朗的目光自从那一刻起就没有离开过莎斯基娅，总是请求为她画像，最后终于不顾一切地爱上了她。但是，她的养父母不允许他们的婚事，但两人的确到了生死相与的地步，在经过了3年的不懈斗争后，他们终于结合在一起。

这时是伦勃朗一生中事业与生活的顶峰，他的名声越来越响，绘画的收入越来越高。他随心所欲地购置别墅、珍宝和大量珍贵艺术品，消耗了妻子陪嫁的大部分，但他毫不担心，凭他的画笔，他不久就可以赚回来。而这时伦勃朗的作品，大都是一些风格活泼的人物肖像画，如《杜普教授的解剖课》等。这些画既可以作为描绘人物形象特征的力作，也可以当做研究17世纪荷兰乃至欧洲科学发展的有力佐证。

杜普教授的解剖课

无论从哪个方面讲，莎斯基娅都是个极有风致的女人，不幸的是，在伦勃朗心中艺术似乎比她的分量更重。他有时与其说把她当做妻子，毋宁说是当做了自己的模特，把她当做了工作的一部分。但厄运似乎来得很快，35岁时莎斯基娅带着“丈夫不爱我”的遗憾走了，给忘情于工作的伦勃朗留下了一个叫提塔斯的男孩。伦勃朗无比伤心，这时他才真正地感受到，妻子在他心目中的地位不单单是一个炫耀的资本或是某种艺术生活的附庸。这之后，伦勃朗的名声遭到了越来越严重的挑战，其中的部分原因是由于他思念爱妻，于是画了许多莎斯基娅的裸体画像，但遭到旧道德主义分子攻击更重要的原因是他创作了伟大而不朽的名作《夜巡》。此后，订单日益减少，原来的主顾几乎不上门了。由于以前的挥霍无度，借债很多，伦勃朗终于破产，不得不在犹太人的小镇上找间小屋子居住。

遇到了这样的不幸，画家的心灵逐渐转向了大自然深处的平静和宁谧，在3年中他只画风景画，画阿姆斯特丹郊外的风景。伦勃朗自从《夜巡》受挫后，逐渐变得冷静起来，富于变化的创作方式开始表现出老练辛辣的味道。然而社会却不给伦勃朗任何重振声望的机会，他的名声甚至在一般主顾心中起了负面影响。虽然他创作了一系列一生中最伟大的艺术作品，但社会却像是充耳不闻似的，为了换一口面包或是一些颜料，他甚至做过巡夜人。

1669年，伟大的伦勃朗去世了，身边只有一个画箱和一件外套。社会把他一步步推到了人生的边缘，却使他创造出了如此不朽的艺术。

朝拜基西拉岛

让·安托万·华托(1684—1721)Antoine Watteau 法国

《朝拜基西拉岛》全然是从他的头脑里创造出来的。他把超自然的生命所具有的优雅注入自己的作品里。一个仙境，成千个仙境，从他脑海的海市蜃楼里，从他的艺术奇想里，从他的独辟蹊径的天上飞了出来。

——《华托的哲学》

18 世纪上半叶的法国常常被称为洛可可时代，这个时期的社会和艺术都带有突然一变的异类风格。随着巴黎沙龙影响力的显著增加，路易十四统治下过度膨胀的自我意识及刻板僵硬的礼仪态度遭到摒弃，并被轻快的、无拘无束的、享乐的和游戏的生活所取代。以视觉艺术的立场来看，庄重的古典主义风格和巴洛克风格，让位给明朗优美、愉悦秀气的洛可可风格自是当然。华托跟拉斐尔一样，仅活了 37 年，但在这不算长的岁月里，他创作出一批批优美雅致的绘画，他的作品仿佛是梦幻编织成的境界，这一切再加上画面艳丽的色彩和雍容华贵的装饰风格，充分迎合了 18 世纪法国贵族的审美趣味。华托丰富的想象力、精美的色彩和优雅活泼的造型，使他成为洛可可早期最伟大的画家。

这位早逝的艺术家因确定了“雅宴画”而声名鹊起，他尽情地以他天赋的才华描绘着那个充满爱情、欢愉和音乐的世界。画中人物衣着高贵，在仙境般的田园和树林中谈情说爱。华托的画美得太像凝定的梦反令人为现实的缺陷与不幸而悲哀。而在他画面上展现的欢乐的人群中，总会隐藏着一个独自徘徊的男子，带着掩饰不住的悲凉，那似乎正是画家本人的影子。

《朝拜基西拉岛》一画作于 1717 年，华托因此画而获得法兰西美术学院院士的称号。这幅画绘制了一对对情人向西苔进发的场面。画家在描写一对对情人的时候，表现出他非凡的洞察力，他能捕捉到每一个人物身上奇妙变幻的感情。尽管华托赋予整个画面以幻想和诗意，仿佛人们都沉醉于梦幻和仙境之中，但却掩饰不住没

1717 年·129 厘米×194 厘米·巴黎卢浮宫博物馆藏

落的贵族阶级生活的腐化和内心的精神空虚，只不过反映了波旁王朝“浮生若梦”的悲剧命运罢了。

KUANGSHI JIEZUO K 旷世杰作

《朝拜基西拉岛》是华托补交给美术院的院士职位申请书。依照惯例，申请加入美术院的人，需要送作品供评审用，但华托在没交作业的情况下就被接纳了，后来经院方多次催促，他才补交了这件作品。

基西拉岛位于地中海，是爱奥尼亚群岛最南端的一座岛屿，传说维纳斯就诞生在这里。《朝拜基西拉岛》是华托根据一出有关基西拉岛的戏剧创作而成的。剧中唱道：“去吧，到基西拉岛去！大家一同朝拜圣地！待到他日从岛上归来，必定会有一位理想的伴侣伴随。”这个题材华托画了 3 幅作品，这是其中的第二幅，也是最好的一幅。

在画中，远方的一群青年男女，怀着渴望来到岛上，参拜爱的女神。温暖的淡金色像轻纱一样笼罩着整个自然景色。飞翔在空中的小爱神，点缀着玫瑰花的维纳斯像，这一切共同烘托出基西拉岛迷人的氛围和神话般的情调，给爱情主题提供了优美的伴奏。

华托以极为轻巧的笔触，在画布上似不经意地点染上绿、棕、紫、灰等不尽干净的颜色，并辅以鲜明醒目的淡金、玫瑰、深蓝等色块，它们形成一种和谐微妙的效果，突出了梦幻般的情韵，使这发生在爱之岛的景象具有无限温柔缠绵的意味。

JINGDIAN SHANGXI J 经典赏析

朝拜基西拉岛

这是一出戏，当布景支架和背景混入一处真实风景时，当两种图景的朦胧联合把我们带入一个超自然的世界时，我们能在梦中重见它。这也是一个梦的世界，人物相续的活动同时并置在一起，那仅有的一对情侣，当着我们的面，用仅有的一个姿势出现在各种场合时，这对情侣就变成了一系列人物。

这幅变体画中重新采用的构图，综合了华托发展的各个阶段。他对意大利喜剧的爱好表现在场面的安排中，右方是维纳斯雕像和一棵树的影像，左方是一根挂着玫瑰色船帆和缆绳的桅杆，中央是一处外观决定着演员们上上下下活动的“实景”。在背景处，快速缩减的空气透视使形象模糊起来，暗示出它们的遥远，一座山渐渐消失的影像波涛般卷起，光线的瀑布使它有着透明的海蓝色。人物穿着华托喜欢给他的模特儿穿的意大利喜剧服装。

但这些因素都融为一个整体，使这幅画具有了杰作的高度统一性——仅有的一个装饰性阿拉伯式图形组织着整体的运动。它的形状像一个放倒的S形，这个S形从左方天使的花环出发，当爬上斜坡时就散开来，随后降到右方，以便把环形扣留在叶子的花环中，这个色调是次要的花环卷绕在雕像的基座上，重复着主题。

前景处的斜坡和远景处的山石、右方的树枝和左方飞翔的小爱神，以对位的方式重复着同一轨迹。那些波动的条状笔触，在天鹅绒和丝绸的褶痕上，在花边似的一簇簇树叶上，在云朵、山石及天使肉体的质感上，表现着这个主题。这大量的色彩微微颤动，这不安的逗号状笔触的微微颤动，把仅有的一种颤动印在了画布上，如天空下方美丽黄色的形，它的涡形装饰和应答轮唱重现在右方的树枝、衣裙和爱神的网络里。阿拉伯式图形主题多次重现着。但是这幅画的美尤其在于它的节奏和它的音乐性上。

人们从右向左察看它或从左向右察看它，都没什么关系。根据传统，人们在它之中看到了"乘船到基西拉岛"的一次行动，它伴随着"爱情国地图"的每一历程——窃窃私语和劝说，男子的初次胜利和他扶起的女伴的赞同，回顾往事，虽有羞怯，但已是拥抱的第一个动作，然后是情郎抱住弯转腰身的、脸上闪耀满足和幸福光彩的女子，接下来轮到美女抓住同伴的手臂，帮他跨出登船的最后一步。最近，迈克尔·利维先生的注释推翻了上述解说，它涉及的是"在基西拉岛朝拜"和归家的一刻，情侣们登上的船并不是把他们引向爱情王国基西拉岛，而是把他们从基西拉岛带回到日常生活的平凡土地上。

不管就华托爱情观所做的这些心理假设是怎么样的，这一作品的结构却不再允许进行推测，而是容许对其进行分析，尤其是进行节奏的分析，列奈·贝尔日先生从中提炼出了节奏的本质特征。

组织一系列人物的阿拉伯式图形，借助色彩，也借助素描，获得了极其和谐的抑扬顿挫的效果。在上升的部分，三对情侣的摹拟表演，通过姿势表达了行动的某一瞬间，就像在剧场中一样，而笔法则在每个场合中扩展了表现力。在右方，第一对情侣似乎用一个拥抱，把整个艳史概括了起来；接下来已经是小爱神的轮舞了，玫瑰花环紧紧围绕着他们，素描的颤动和色彩的对比把他们结成为唯一的团块，并以急速旋转令人头晕目眩的运动鼓舞着他们。第二组人物已具有一条作为它的线性框架的，如同拥抱的连续性蜿蜒的线条，它从两位情人挨近的头部开始，与一位男子的肩和臂相互追逐着，沿着女人的腿部延伸，衣裙的褶皱形成的缓慢曲线取代了膝盖间缝隙，这个运动用一个环形在拉着裙子的小丘比特身上结束了，迅速得如同缩写的签名。对第三组人物来说，素描更复杂了。一些曲线（女人手臂的曲线、男人肩和臂的曲线）相互碰撞和结合。

左方的手杖和小狗标出了分开在它们后面的三对最初的情侣的一处顿挫,一处空白会再次分开最后一组人物、情侣们和船夫们。

同样的格律划分以对位的方式重新在色彩上。红色的重音(第一位人红背心的重音、第三位人红披肩的重音、第四位骑士红色紧身短上衣的重音)留住了视线,保证了它的乐章的“速度”。女服的蓝色有力地衬托着这些红色。与此相反,在下降的部分,用小调式处理了第二组人物,这是一系列非常有限的色彩和占主导地位的伴有棕和赭黄的冷蓝绿色调。最后一组更为模糊的蒸气般的人物,仿佛早已“走入”背景中并消散在那儿了。

末了,就是这略具哀怨的仙境般的属音了。从中散发出一种美梦正在消失的感情。情侣的花环散开了,融入黄昏的雾气中。华托的宇宙是薄暮时分的世界,它伴随着好景无常的抑郁之情。从中反映了这位37岁就死于肺病的画家的个人苦闷吗?它也是在他本人之外垮下来的“伟大世纪”的历史性不安吗?这个回忆和预感的神奇世界再不是一个外部世界的影像,它是内心世界的投射,在其中显得比现实更真实。

(佚　名)

YISHU RENSHENG 艺术人生

华托是法国18世纪洛可可风格的重要代表。1684年华托出生在与佛兰德美术关系密切的瓦朗西安的一个手艺人家庭,最初向当地画家热朗学画。1702年,18岁的华托移居巴黎,身无分文,衣着寒碜。他先入梅塔耶的画室,后又师从舞台画家吉洛,还随版画家和宫廷装饰画家奥德朗学习,这两位画家都是洛可可艺术的先驱,对华托的画风形成有直接影响,但对华托艺术影响最大的是提香和鲁本斯的艺术成就。

让·安托万·华托

华托年轻时生性高傲,加上他画运不济,所以经历坎坷。25岁时为争取参加罗马大奖赛而名落孙山,贫病交加,走投无路,后来幸得巴黎画商西鲁瓦的帮助,渐始生活稳定。他受当时的一出幕间喜剧《三姐妹》的启发,创作了《西泰尔岛的巡礼》的初稿,以后又连续就此题材画了许多变体画。没想到这幅画在展出后,轰动了整个沙龙,华托因此一举成名于巴黎画坛。由于这幅画带来的巨大成功,他被法兰西皇家艺术院接纳为院士，被后人称作洛可可绘画第一个代表人物。

华托终生未娶，只和一位女佣相伴，画家以这位漂亮女佣做模特画了很多名作。华托一生画了许多耽于享乐的贵族生活题材作品，大多描绘求爱、嬉戏和音乐歌舞等，再现了上流社会无聊的生活，但画家本人的生活并不愉快，自从登上法国画坛以后，更加体弱多病，曾赴伦敦休养。1721年，结核病夺走了这位年仅37岁的画家的生命。

马拉之死

雅克·路易·大卫(1748—1825)Jacques Louis David 法国

马拉是雅各宾党的三巨头之一,是大卫的好友。前一天他还见到马拉在澡盆里办公,出事后又赶到现场,怀着"为马拉报仇"、"让人民看到敌人是多么凶残"的愤怒情绪,他迅速地完成了《马拉之死》。在这幅画上,人们很少感到精心计划的均衡、对称,以及古代雕刻的"典雅风格",而是从一个真实的形象上,体会到那个特定的时代气氛。

——中国著名美术评论家　迟　轲

法国古典主义画家雅克·路易·大卫的画风严谨,技法精工,在艺术创作上始终严守着庄重和谐的传统精神,从不妄自偏重感情。比起前辈大师,大卫的作品没有鲁本斯的热情,缺乏普珊的理性,取而代之的是一种对英雄主义的颂扬赞美之情。虽然画家恪守着将个人情感抛弃于绘画之外的原则,但在当时法国大革命时代,作为艺术主将的大卫在资产阶级革命的大潮中几经沉浮,致使作品成为他思想历程发展的最好见证。

雅克·路易·大卫不仅是一个卓越的历史画家,同时也是一个具有巨大才能的肖像画家。在法国大革命的年代中,他画了大批肖像画,画中的主人公,以其冷静沉着的姿态和雍容的气度而有别于同时代的其他同类作品。

在《马拉之死》中,大卫跳出了新古典主义美术的框框,以极其简洁、朴素的艺术手法,成功地完成了对肖像的描绘,真实地再现了马拉被刺后那悲剧性的一幕。画面上所有的景物和细节都与画家要表现的主题有着密切的关系,深刻地刻画出这位革命者的伟大。由于大卫对革命的信仰有着无限的激情,从而赋予了《马拉之死》这幅作品极强的艺术性和思想性,二者完美结合,达到了资产阶级革命题材美术作品的最高境界,因而大卫这幅作品不容置疑地成为纪念碑式的现实主义历史画名作。《马拉之死》像一蓬火星,点燃了人民对反动势力进行讨伐的熊熊烈焰。

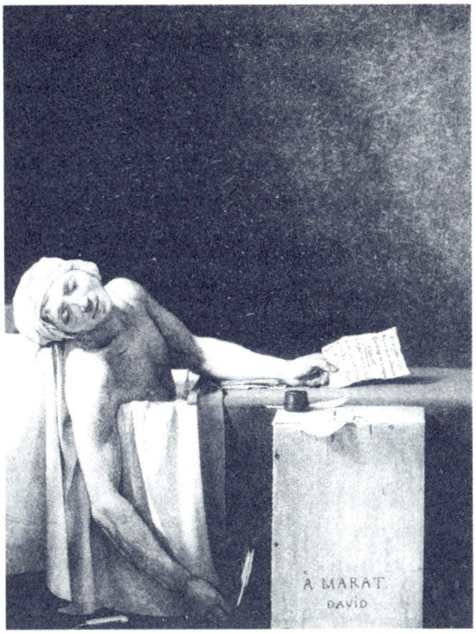

1793 年·162 厘米×125 厘米·比利时皇家美术馆藏

KUANGSHI JIEZUO K 旷世杰作

大卫的油画《马拉之死》表现的是发生在 1793 年的巴黎的真人真事和现场。整幅画既平易近人，又具有宏伟的纪念碑形式。画面的取景、环境安排、道具选择、人物姿态完全按真实记载，但又经过极其精心的筛选而避免过分日常生活化。同时在构图上留出上部大片平面的背景，使马拉的人体具有雕塑感，也加强横线构图结构的稳定感。从而，这幅画既使人感到朴素生动，又使人觉得是一座庄严永恒的丰碑。

马拉是个物理学家、医学博士，亦是活跃的革命分子、雅各宾党领导人之一和《人民之声》报主编。法国大革命期间，他撰写过很多抨击封建专制的文章，在当时民众心目中享有很高的威望，被称为“人民之友”。马拉在早年间为躲避保皇派的迫害，长期在阴暗潮湿的地窖里工作，因此患有严重的皮肤湿病。为了减轻病痛，同时不影响工作，他每天不得不泡在带有药液的浴缸里坚持工作。7 月 13 日，马拉在家中被吉伦特派的特务、25 岁的科尔黛女伯爵刺杀了。马拉是大卫的挚友，当他去拜访马拉时，被朋友这种忘我工作的伟大精神所震动，决定把马拉工作的情形作为肖像描绘下来，不料就在几天后，发生了这不幸的事。大卫抑制住自己的悲愤之情，用朴素真挚的绘画语言、庄严肃穆的不朽形象，留下了历史风云的伟大见证——《马拉之死》。

画家有意将画面上半部处理得单纯、深暗以突出下半部的客观写实表现，同时，加强死者身体的下垂感和这一令人震惊愤慨的事件给人们带来的压抑、憋闷及莫大的悲痛之感。马拉工作的木台有如纪念碑一般，使画面产生了一种凝重、庄严的气氛；尤其是木台的立面画家精心安排的法文“献给马拉——大卫”有如石碑上的铭文。这简洁、严谨、明晰、理智的表现手法以及这深入、具体、真实再现细节的刻画，反映了大卫对马拉的无比敬重之情。同时，也反映了法国大革命期间，古典主义的盛行以及人们渴望寻求一种时代所需要的理想的英雄主义精神。

《马拉之死》生动地刻画了马拉之死的真相，这是一副结构简洁而严谨的作品，大卫成功地把人物肖像描绘、历史的精确性和革命人物的悲剧性结合起来。

JINGDIAN SHANGXI
J经典赏析

艺术的真实和历史的真实

大卫的《马拉之死》是19世纪新古典主义的代表作之一。在法国大革命前后，法国资产阶级对古希腊罗马英雄主义的追求，产生了新古典主义美术。

艺术是人们从事创造美和审美活动的总称，是人从审美角度，对现实世界进行审美体验、认识和掌握的最高形式。艺术品是能给人带来美的享受或审美愉悦的东西，是人们从事艺术活动的产物。自有人类历史就有人类的艺术活动，它是人类历史的一部分。绘画属于视觉艺术。

大卫对马拉被刺这一真实事件的再现从立意、构思、构成和完成，整个过程就这样清晰和明了，不愧为新古典主义的大家手笔。

《马拉之死》中的马拉浴室血腥的场面是被画家掩去了。看似马拉还在思考着，还在不停地写，表达了马拉为革命终日忙碌。背景色调灰暗，增添了庄重、肃穆与恐怖。马拉表情恬静安详，还那样气定神闲，好像在反思他的人生，反思法国大革命，反思人性自由、政治民主、人际博爱、人权平等的启蒙主义主张，仿佛他在接受“洗礼”，在大革命腥风血雨中沐浴。

马拉属于那个时代，那是一个要

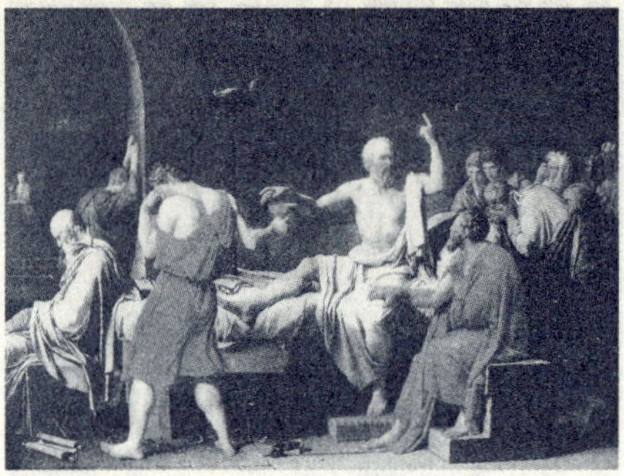

苏格拉底之死

张扬理性却激情焕发得令人昂奋的年代。他唤起人们的理想，让人们憧憬美好的理性王国。马拉充分吸吮了启蒙主义思想的乳汁，法兰西民族的罗曼蒂克滋润了他，波澜壮阔的大革命锻炼了他。大卫也是那个时代的人，他最关心他身边发生的事，尊崇理性，写出真实的新古典主义手法在他的这幅名作中表现得淋漓尽致。这是艺术的真实。艺术家大卫没有亲历现场，但他构思描绘了真实的场景，给人们以最大限度的现场观感。大卫想象力和意境的凝固似乎在流动着画家的思想情感。合乎理性的描绘给人们造成马拉真的是这样被害，他遇害时的神态、形态和场景就是这样的真实的感觉。真实是艺术美的基础，美在真实。而艺术美和现实美不是一回事，它反映的是艺术家审美体验积淀的创作美。艺术的真实和历史事实不一定完全符合，它有虚构，是艺术家和观众皆有主观参与的一种真实，是一种灵动的真实。艺术的美需要画家的点睛，相反，如果呆板地反映客观对象的真实，就难以体现美的真谛。艺术的真实是逻辑的真实，是符合理性的真实。

《马拉之死》也体现了历史的真实。它取材于真人真事。历史的真实同样也需要人们的主观参与。历史事实是客观实在，是业已过去的事实。今人无法也没有必要把它还原。它不像自然界的现象，是可重复和可实验、实证的。所以，历史有因果律，而无同一律。历史就是无始无终的时间的一部分，包括刚刚过去的一刹那，都属历史；过去是历史，现在和未来也即将成为历史。今人了解历史的真实，要进行大量的形象思维和逻辑思维，以趋近历史的真实。从这种角度来看，历史的真实和艺术的真实是统一的。

《马拉之死》就是一幅历史真实和艺术真实统一的杰作。虽然这幅画作无法更多地展示马拉本人的性格及其内心世界，事实上，这位有医学博士学位的医生兼物理学家、令人崇敬的革命家也是张狂了些。就连罗伯斯庇尔也是头脑过热，只是丹东能反思先师的教诲。马拉的死成为1793年红色恐怖的导火线。丹东提出"要珍惜人类的鲜血"，结果被罗伯斯庇尔送上了断头台，罗伯斯庇尔及其追随者也于1794年头颅落地。马拉死了，丹东和罗伯斯庇尔也走了，雅各宾派完了。这也似乎造成了这样的看法：革命非得流血，非得制造死亡的堆积，革命就是红色。更有意思的是，大卫用理性的画笔却描绘出非理性的凶杀和暴力，是十足的恐怖题材。

《马拉之死》充分表达了艺术真实和历史真实相统一的美，感人肺腑的悲壮的美，沁人心脾的气质之美。法国大革命已经过去200多年了，马拉这个历史人物的事迹也可以盖棺定论，但反思这段历史，前瞻现实和未来，意味依然隽永。而大卫的这幅不朽的画作《马拉之死》也注定成为不朽，这是对法国大革命精神的颂扬！

（杨庆国）

YISHU RENSHENG 艺术人生

雅克·路易·大卫于1748年出生在法国，他是一个巴黎富商的儿子，从小就对绘画表现出一种出奇的热情。布歇很喜欢外甥的才能，想让他继承自己的事业，然而孩子对舅舅那极具装饰性的轻漫风格很不喜欢，布歇于是推荐他拜在古典派画家威恩门下。

雅克·路易·大卫

大卫20岁时因创作了《斯特拉托尼》一举成名，并获得了皇家美术学院赴罗马学习的奖学金。在古典主义的故乡学习期间，大卫深深地被古代巨匠们的艺术史迹所吸引，热衷于创作以古希腊、古罗马的英雄为题材的作品，同时他也成为雅典城邦共和制和罗马共和议会制的向往者，并积极关心国内如火如荼的革命运动。

1784年，大卫在路易十六的委派下完成了《荷拉斯之誓》，他为此还享受了在卢浮宫吃住的待遇，不过大卫并没有完成像皇上希望的那样作品。《荷拉斯之誓》反映了对革命的新高潮即将到来的期盼。根据罗马著名的悲剧，大卫用向老父宣誓出征的三兄弟，对比女人们为个人感情悲伤的渺小形象，歌颂了为真理而献身的英雄，与当时博马舍的《费加罗的婚礼》一起成为鼓吹革命思想的客观工具。不久，大卫又创作了《布鲁克杀子》，这幅作品的思想理念同《荷拉斯之誓》如出一辙。

3年后，大卫创作了《苏格拉底之死》，刻画了这位古代的大哲学家悲壮地接过盛满毒芹草汁的杯子的瞬间，还在坚持自己的理想。古典主义三角平衡的构图理论在这幅画中发挥得淋漓尽致，充分歌颂“为信仰而死，虽死何憾”的精神。

罗伯斯庇尔是雅各宾派的革命巨头，他与大卫的私人交契也很深厚，在他的举荐下，大卫于1789年加入了这个著名的左派政党，开始了他卓有成效的政治活动。他担任过国民议会的主席，取缔了皇家美术学院，组织建立了革命艺术家协会并开展工作。

1793年，巴黎的又一次大起义推翻了吉伦特派的统治，雅各宾派掌握了政权，然而外国封建势力和本国的反动叛乱使这个动荡的时代变得异常紧张。就在这一期间，大卫创作出他那幅具有时代代表性的不朽之作——《马拉之死》。

1794年7月27日，法国爆发了“热月政变”，雅各宾派的政权失败了，罗伯斯庇尔等一大批革命家被送上了断头台，大卫也被捕入狱。大卫出狱后反思过去的林林总总，觉得自己表现得太过极端，有背古典主义的艺术原则，所以他创作了一幅名叫《萨宾妇女》的绘画。

1799年，拿破仑发动“雾月政变”，随后上台执政，确立了资产阶级的独裁统治。这位法兰西第一帝国的皇帝很欣赏大卫的才华，授予他掌管艺术事业的实权，晋升他为男爵。大卫于是又从先前的逡巡不前中清醒过来，热衷于为拿破仑帝政服务，在这一时期他创作了大量具有歌功颂德功效的作品。

1814年，波拿巴帝国崩溃，波旁王朝复辟，旧日宫廷的首席画师大卫被流放到比利时，邻国的人民热烈欢迎这位伟大的艺术家。在此后的10年间，大卫依旧勤于创作，77岁时逝于布鲁塞尔。

暴风雪中的汽船

约瑟·透纳(1775—1851)Joseph Turner 英国

《暴风雪中的汽船》为我们展现了一个金色幻影，虽然没有实体，但壮观而又瑰丽……这毕竟是真正的艺术，为这种艺术而生，为这种艺术而死，都是值得的。

——英国画家　康斯泰布尔

约瑟·透纳是英国风景画巨匠，他是19世纪上半叶英国学院派画家的代表，同胞中能跟他比肩的寥寥无几，他的探索预示了未来的发展，印象主义绘画乃至抽象绘画，都可以追溯到他。在艺术史上使风景画的地位与历史画、肖像画等同的功劳应当归于透纳。透纳创作的早期和中期，受普桑和克洛德·洛兰的影响较深，是古典主义的。1820年以后，透纳逐渐摆脱了古典主义的影响，巧妙地吸取了前辈大师的技巧而独辟蹊径，创造了自己独特的风格和崭新的艺术语言，到1844年达到了登峰造极的地步。

作为风景画家的透纳，以善于描绘光与空气间的微妙关系而闻名于世。他特别强调通过色彩描绘光与空气间微妙关系的变化，因此惊涛拍岸的壮丽景色、海上的落日余晖、云霭弥漫的朝霞、倾盆大雨的磅礴气势、暴风雨中的惊涛骇浪都是他喜欢表现的主题。描绘自然需要准确的观察力，拉斯金就指出，透纳的艺术首先决定于他比别人高明的观察力。透纳自己也说，他的绘画是他的视觉经验的准确体现，而透纳的视觉经验正是他长期细致观察大自然的结果，也是他对自然所得印象的记录。

《暴风雪中的汽船》堪称是表现海洋的扛鼎之作，从整幅画面上来看，我们根本看不见船的样子，只感觉到四处都是涡漩、迷离的雪和奔溅的水沫，船体被笼住，形成阴影。唯一可以辨得分明的是桅杆的三角旗。因为它存在，船才存在。透纳用耀眼的光线、大胆的笔触描绘出充满力量的场面，展现了一个动荡不安的炫目世界，以其独特的艺术魅力，显示了“自然的崇高的美”。

1842 年·91 厘米×122 厘米·伦敦泰特绘画陈列馆藏

K 旷世杰作

透纳的作品并不是忠实的写生，而是带有强烈主观愿望、想象和戏剧性夸张的作品。透纳富有幻想，具有浪漫主义气质，现实对于他来说仅仅是达到幻想的跳板，一旦想象与现实冲突时，他就用幻想来代替现实，所以他所创作的画面景色既来自于对现实大自然的入微观察，又充满非现实的幻想意境，具有朦胧的神秘感。他曾深入观察和描绘大海景色，喜欢画落日余晖和倾盆大雨的磅礴气势及暴风雨中的惊涛骇浪。他擅长于在这些扣人心弦的景色中探索光和空气的微妙变化。他是第一位将光、色完美结合的画家。

为了弄清海上风景的真实景象，他经常随着船队出海，有一次遇到暴风雨，已经 67 岁的他，竟然冒着生命危险，让人把自己绑在轮船的桅杆上，观察体验了 4 个小时之久，此后他便画成了这一幅前无古人的巨作——《暴风雪中的汽船》。在波涛汹涌的海面上，云雾与雷电交织，狂涛与暴雪并泄，巨大的轮船此刻像是变成了一叶扁舟，在海浪中颠簸，在风雨中漂泊，随时都可能被无情的大海所吞没。画家以粗放的笔触勾勒出海浪的咆哮、黑云的狂卷、风雨的怒号，除了船桅上那盏夜航灯的微弱光线之外，整个世界都像是陷入了无边的黑暗。

透纳曾将这幅极富探索性和挑战性的作品《暴风雪中的汽船》交给皇家艺术学院展出。在这幅画的主题之下，透纳还特意加了一个副标题："暴风雪中汽船驶离港口，在浅水中发出信号，作者本人置身于船上。"然而，《暴风雪中的汽船》一经展出，就受到那些正统评论家们如"暴风雪"一般的猛烈攻击，有人将这幅画讥讽为"肥皂泡沫和石灰水"，也有人嘲笑透纳是"老糊涂了"，连绘画的基本技巧都"忘记"了。

战舰归航

100 多年后，当后人沿着他所开辟的艺术之路走近这位先行者时，却在蓦然回首之际惊奇地发现：正是那些曾令他饱受时人诟病的画作，为他赢得了全世界的尊敬；他以自己孤独的晚景，换来了身后的无数知音。

大自然的伟力

18、19世纪之交，英国的风景画在世界画坛上异军突起，成为欧洲油画大观园中一个耀眼的亮点，而其中最有光彩的就是英国风景画坛的双子星座：透纳和康斯泰布尔。

康斯特布尔的风景画是与现实紧密结合着的，他只描绘他看到的东西；而透纳则钟情于海。他的《暴风雪中的汽船》是一幅巨作。在这幅作品中，透纳用黑、白、青、黄等色，挥扫出海上风雪的景象，汽船则颠簸在山峰般的巨浪之间。在这幅画上，一切静态的物象都被透纳的画笔搅动起来，变得模糊不清了，光影、雨雾、海浪以及轮船上发出的微弱的灯光，构成了画面的主体，色彩上升为画面的要素，而具体的物象轮廓则被抽象化了。这幅作品，可以说是透纳与学院派风景画彻底决裂的一个标志。17世纪荷兰画家已有专门画海景和航船的，人们完全可以按照那些画上的船只，造一只真船；因为那时的画家所画的，是他心里早已知道的“船”，而非他当时所见的“船”，故一切细节皆极完备。但人们却无法根据《暴风雪中的汽船》来造船，因为我们根本看不清楚那只在风雪浪花中翻滚的船是什么样子，我们只感觉到水天交混，光影错杂，大自然愤怒时的威力，令人心惊目眩。透纳所追求的正是这样一种感觉的效果，透纳通过色彩用来表现主观感觉的体验。这不仅强调了海光天色的丰富变化，同时也特别强调了对光的描写、对运动和气氛的描写。这种感受，对他来说是由来已久的了。年轻时，他曾搭着运煤船或渔船去欧洲大陆旅行，与其说他去访问各地的美术馆，不如说他在对海洋生活进行体验和印象的积累。他要人把自己绑在桅杆上，观察狂风暴雨中的海上奇景，他那不可思议的色彩感觉服务于增强氛围景色，这景色融汇成幻影的光效果，融汇成暴风雨、幽灵般的雾霭和大海的怒涛。在这种逼人的感性力量中，传达出画家强烈的感情，这也正是浪漫主义艺术所要追求的一个方面，同时也是印象主义所要追求的。

尽管透纳已有很高的地位，他的这幅作品对于光、运动和气氛的追求，还是不能使那些学院中的权威们谅解，有人甚至说他把“肥皂泡沫和石灰水”在画布上乱刷。这时候，一位刚从牛津大学毕业不久的青年评论家约翰·拉斯金，起来为透纳说话了。1843年，24岁的拉斯金出版了他的第一卷《论现代画家》，立刻声震艺坛，正像他后来保护“拉斐尔前派”的年轻画家们一样，他支持了年老而敢于创新的透纳。拉斯金称透纳表现海、云和光的运动的绘画为“感觉的现实主义”，说它是一种新型的现实主义。拉斯金不愧是一位有敏锐鉴赏力的评论家，他提出的“感觉的现实主义”一语，不仅很确切地说明了透纳的艺术特色，而且预示了后来绘画领域中的一种新的追求。

在透纳逝世以后，法国风景画派

已经发展得声势很浩大的时候，德拉克洛瓦还在怀念英国的这一位先驱，他曾写道："透纳和康斯泰布尔都是真正的革新者，他们越出了过去风景画家所走的道路。……从他们的榜样中，我们得到莫大的教益。"今天当我们目睹这幅旷世杰作时，依然会感到惊心动魄，被透纳笔下的大自然的伟力所慑服、震撼。

（佚 名）

YISHU RENSHENG Y艺术人生

透纳于1775年8月23日生在伦敦的一个理发匠家庭，母亲在他很小的时候便撒手人寰。出于家业接班人的考虑，父亲只让儿子接受了少得可怜的一点儿教育，便打发他在店里帮工。

幸好老透纳并没有让儿子成为文盲的想法，他自己成为了透纳的老师——在工作之余指导透纳读书写字。但透纳显现了令人咋舌的天分，他几乎是无师自通的天才中最了不起的一个：13岁时他便布置和描绘了理发店的橱窗，以至整条街的人都知道这家美丽的理发店里有一个小小的画家。15岁时他的天分被伦敦的学院派美术家发现，在皇家美术学院举办了他的第一次画展，他的才华便被完全地开发出来了，摆在他面前的是一个任其自由发挥的艺术世界。18岁时，透纳已经拥有了自己的工作室和手下的一批学徒，以后的数年里，排队购买他作品的画商整整占满了半条街道。刚刚20多岁的他，竟被接纳为皇家美术学院的院士，这足以使任何知道这头衔魅力的人感到嫉妒。但透纳却显得毫不在乎，泰然自若，在公众场合依然故我地发挥自己一贯的率真和莽撞的行事作风，而公众对这位神童画家也表现出异常的宽容和关注。

27岁，透纳便去欧洲大陆游历，他性格中豪放不羁的秉性被壮阔的景色充分激励出来。在威尼斯，他感受到了天空、云影、水波这一系列在古老的英伦大陆上感受不到的豁达之美，性格中的另一种出奇的禀性——耐性便显现了出来。他长久地在这水的古都流连，观察每一种不同的天气下，波流、涟漪、浪花的变化，并把它们留到了自己的画里——《威尼斯风光》。

游历加强了他作画时的一种倾向——用近乎抽象透明的手法描绘"大气"，在一次乘火车时遇到了暴雨，他竟然把头伸出窗外观察9分钟之久，然后在淋得湿透了的情况下又闭目回忆了良久，下车后便把画画了下来，这就是《雨·蒸汽·速度》。

30岁以后，透纳便很少在公众场合抛头露面，他也拒绝参加美术学院的会议；虽然依旧举办画展，尽管缺乏理解，人们也盛赞他那着了魔的自然气魄，但他已经拒绝出卖任何作品。有时，熟人千方百计劝他卖一部画作，但过不了多久，他便反悔推辞掉了。

透纳40岁以后，除了作品，公众几乎感受不到他还活着；他把自己装扮成码头工人的形象，有时竟住在自己的女仆家里，对外人称自己为"退休的海员"。但当1850年的一天，他的房东报警说他失踪了，于是人们重新意识到了这位大画家的存在。过了几个月，人们才在海边的一所小屋里发现了他，但此时画家已经奄奄一息了。

几天后，这位有史以来最伟大的海景画家便逝世了，他的遗体被安葬在伦敦圣保罗大教堂的墓地里。透纳的一生是幸运的，他的才能没有被浑浑噩噩的世界埋没；他的一生又是大不幸的，人们除了称他为"神童"之外，似乎没有更多的关注，仅仅几年后，法国的印象派大师们才从隔绝阴阳的前辈身上学到期待已久的东西。今天，英国为了纪念这位伟大的画家每年设立一次"透纳艺术奖"，以奖励那些为艺术做出贡献的人们。

干草车

约翰·康斯泰布尔(1776—1837)John Constable 英国

康斯泰布尔的《干草车》所描绘的一切是如此自然、真实,没有一点矫揉造作。这可不是对自然的写生,这是灵感。

——英国著名诗人　布莱克

19 世纪欧洲风景画的真正奠基者是约翰·康斯泰布尔,这位艺术上勇敢而机智的创新者,为艺术,尤其是风景画艺术,开辟了一个新世界。作为一位卓越的风景画大师,在他的祖国却长期鲜为人知。他被伦敦国家画廊所接受的第一幅作品,是他去世之后由他的朋友捐赠的。即使是无偿捐赠,画廊方面仍再三犹豫,唯恐画家的大胆创新精神会引起麻烦。幸运的是,康斯泰布尔的艺术,在他生前已得到法国公众的重视。一位法国记者根据著名画家蕎里柯的评论,劝康斯泰布尔把作品送到巴黎展出,这才使 1824 年巴黎欧洲名画展上出现了包括《干草车》在内的康斯泰布尔的 4 幅作品,它们给巴黎的观众留下了深刻的印象。

1821 年·130.5 厘米×185.5 厘米·伦敦国立美术馆藏

《干草车》是康斯泰布尔最著名的代表作。画家对大自然的深刻感受和满怀激情,他的朴素、清新、富有独创精神的表现技法,娴熟而完美的油画技巧,都使法国画家为之倾倒。当时,法国著名文学家、小说《红与黑》的作者司汤达专门著文介绍康斯泰布尔和他的风景画。伟大的法国画家德拉克洛瓦在观看了《干草车》这幅画后,从画中的天空得到启示,重新修改了他的著名作品《希阿岛的屠杀》中的天空和远景。继德拉克洛瓦之后,年轻的风景画家柯罗和其他画家,都为康斯泰布尔的作品所折服。米勒、库尔贝以及印象主义的启蒙者马奈等人，都从康斯泰布尔的技巧中发现了观察自然界色彩的方法。因此，评论家不无讽刺意味地说：“是法国人发现了一位英国绘画大师。”

KUANGSHI JIEZUO K旷世杰作

《干草车》是康斯泰布尔田园风景画的代表作。画面上绚丽多彩的色彩，真实的描绘和浓郁的抒情色调令人陶醉。云隙中透出的光亮点点斑斑洒在树梢和草地上，近景处的小河上，一辆干草车正涉水而过。农家的房屋沐浴在光与色中，形体写实，造型十分结实。透明莹润的天空中，云朵像彩色的绒絮在天际滚动。河水倒映着古树和天空，斑斓而恬静。这是阳光温煦的一天，是康斯泰布尔为自己的故乡吟唱的抒情诗。

在康斯泰布尔的这幅画中，细碎的色彩并置形成了和谐的对比关系，色彩强烈而统一，并且有一种微妙的振动效果。德拉克洛瓦说：“康斯泰布尔田野中绿色的特点是由许多不同的绿色产生的。一般风景画家使用绿色的致命缺点是他们只用一种统一的绿色。康斯泰布尔所画的田野中的绿色同样也适用于其他色调。”

《干草车》这幅画中揭示出了和谐、美丽、安定、传统、和平、纯洁和美德等文化意象，康斯泰布尔满腔深情，用细腻生动的彩笔描绘出英国农村朴素、恬静的田园风光。他的名作《干草车》是一首无声的诗。康斯泰布尔对自己的创作是这样解释的：“我生来就是为了描绘更幸福的大地——我的古老的英格兰。”正是出于对祖国的爱，才能创作出像《干草车》这样充满感情的作品。他正是以这种清新、自然的风格向僵死的学院派古典主义挑战，从而确立了其美术大师的历史地位。

JINGDIAN SHANGXI J经典赏析

干草的香味

《干草车》是康斯泰布尔的杰作，他为了作这幅画，特意跑到乡间进行写生速写，把这些景象记在画板上，也记在心里。然后回到画室里细心加工，从构图、色彩方面仔细打磨，力图让这幅画成为完美之作。康斯泰布尔在表现乡间景色的作品中，成功地创造了一种精致细腻、层次丰富的色彩结构，以其质朴、真实的艺术唤起了人们对生活的热爱，对自然的向往。

在这幅画中，我们不但可以感受到那充满阳光、充满温暖的生活气息，而且似乎可以闻到一股干草的香味。水波与天空相映，使河岸上的树木、马与房子等形象都沐浴在光彩的氛围中。在这幅画中，康斯泰布尔为了更好地表达秀丽的景色和普通人的生活及劳动，他摆脱了构图和色彩上的因袭规矩，摒弃了传统的棕色调子，大胆地创造出了现实主义的表现形式。

画上的景物，是康斯泰布尔十分熟悉的平凡生活环境，那座红顶白墙的村舍，是他的朋友的住宅，它就位于斯陶尔河畔。这间房子曾作为“威利·罗托的小屋”而远近闻名。它之所以闻名，是由于屋子的主人在这里度过了88年的漫长人生，至死也不肯让出这间房子。萨福特墓地中的罗托墓碑上，刻有“吉比恩农场”，叙述了小河边上的古雅农家的故事。这富于传奇色彩的自然风景正是康斯泰布尔最中意的场所，他从各个角度多次描绘这里的风景。前景处，一架干草车正缓缓驶过浅滩，路边有一条狗向它吠叫。这是盛夏明朗宁静的一天，一分为二的画面，上半部是白云蓝天，下半部是树林、草场、河滩。康斯泰布尔利用耸起的房顶和高大的树丛打破这平分的单调。整个景色沐浴在银灰绿的光辉中，各种自然的现象都是用细小的不尽相同的色彩笔触构成的，例如，树丛再不是单一的绿色，而是由种种色彩小笔触组成的“绿色调”。德拉克洛瓦倾心的就是这种画法，它赋予画中景物更真实更生动的面貌。康斯泰布尔在表现树木和水流等的闪光时，运用了小的白色笔触点染，巧妙地捕捉到处处闪动的光点。他的独创画法，获得了一个留在绘画史上的称谓：“康斯泰布尔的雪”。注视着这自然而又平凡的乡村景色，会体味到康斯泰布尔是满怀柔情刻画它的每一细部的。

康斯泰布尔的《干草车》那热烈浓郁的阳光下的田园，洋溢着大自然生机蓬勃的气息。静谧的村野景色在康斯泰布尔的笔下在那一瞬间停留了下来，让人想起田野的永恒，想起在道路前面的村庄里的人们多么纷纭渺小而又是活着的甜美。那忧伤的歌谣，劳动的沉默，在天空和大地之间飘散。当我们沉浸在这幅画中，注视着背景中草地上的一块块有阳光的地方，观看漂浮着的云彩，跟随着河水的路线，在画得那样克制而简朴的磨坊附近打量一下，去欣赏康斯泰布尔的纯真至诚，会发现他不肯加深自然给人的印象，他毫不造作，毫不虚饰。他抓住光的空隙，用水彩颜色涂满天空；浓淡错落的排布，再现了沐浴在露天下的闪烁的灵巧的质地。他恨不得囊括一切自然之爱于笔端——露水的滋润、花香的馨薰、微风的轻拂、空气的新鲜，这许多曼妙的事物都在他的艺术世界里尽情展现。而小村镇的热情质朴、树林之博伟幽深、原野碧空的清远无垠，更是他对自己眷恋着的生命的尽情挥洒。

（佚　名）

YISHU RENSHENG 艺术人生

正是康斯泰布尔给了我一个优美的世界，康斯泰布尔所用的各种不同对比的色彩，从远处看产生了一种跳动的效果。

——法国浪漫主义绘画大师
德拉克洛瓦

约翰·康斯泰布尔1776年出生在英国的东波高尔特，东波高尔特是康斯泰布尔创作灵感的缘起。那散发袅袅炊烟的旧式庭院，那随着哗哗水流吱吱转动的水车，那古老树林里的每一棵蓬勃遒劲的大树，都深深地埋藏在心底的某个角落，某个主导使这个本该成为磨房主、在石磨边扫着面粉的孩子拿起了饱蘸色彩的画笔。由于职业的关系，经营家族水磨房的父亲，总是叮嘱儿子留心天气和水情的变化，于是留心观察自然景观就成为了约翰的固有习惯。

约翰·康斯泰布尔

当康斯泰布尔把成为画家的愿望说给父亲听的时候，立刻就遭到了反对。父亲希望他做一名牧师，但随着时间的推移，老人也看出儿子没有多少当牧师的才能，便让他在磨房做些经营管理的工作。约翰把几乎工作之余的一切心力都用在了练习绘画上，同样的爱好使他与乡村里的玻璃工邓桑交上了朋友，并经常一起到村外写生。

这时的康斯泰布尔遇到了对他的艺术道路产生重大影响的乔治·博蒙特男爵——一位业余的风景画家。从这个比自己小 20 岁的小伙子身上，博蒙特似乎看到了自己追寻终生而未果的绘画理想，于是便鼓励约翰积极从事他所喜欢的事业，并亲自做老康斯泰布尔的思想工作，动员他送儿子去学习美术。

1796 年，当康斯泰布尔在父亲的资助下去伦敦学习绘画的时候，他已经是 20 岁的青年了。淳厚质朴的乡村生活使康斯泰布尔养成了一种老成持重的品性，从不依仗任何理由与别人发生争执，而是默默无闻地在美术学校当了一名有些碍眼的插班生。4 年后，康斯泰布尔考入了他梦寐以求的皇家美术学院学习。这里的生活平静而恬淡，他把自己整个掩埋在对故乡的向往中去了，总是渴望着有一天能够重返那萦绕童年梦境的地方，去画风景艺术的精华——乡村生活的林林总总。他坚信自己的人生道路应该维系在大自然的美丽风光中，而不是对刻薄狡黠的顾主面容的描绘。他细心而尊敬地研究着荷兰画家们充满浓厚乡土风味的风景画作，体味着水光天色间使人魂牵梦绕的因素，并把他们引入到自己的画作中。

19 世纪初，鄙视自然主义的英国画坛竟然把邪气迁怒到风景画，甚至是“绿色”上。康斯泰布尔的艺术就是在这样的环境中诞生的，他充满热情地描绘着这自然的颜色，这孕育着勃勃生机的色彩。

1802 年，康斯泰布尔首次参加学院主办的画展，送去了费尽心机的作品，却受到了冷遇。1811 年，他幸运地结识了后来的萨尔兹伯里的主教约翰·费歇，多亏了他的鼎力相助，画家才有了日后的成功。这时，一位温婉端庄的小姐——海军上将的女儿玛利亚·比克奈尔走进了已届中年的画家的视线，他们很快便相爱了。小姐是个有着不同品位的姑娘，他们在一起谈论他的画和窗外的自然。然而，婚事却遭到了姑娘的祖父——伯尔脱教区长的反对，直到1816年，他们才终于得以厮守在一起。

1819年，康斯泰布尔被选为皇家美术学院的准院士，他的画家地位才得以确立，但那些今天被标为天价的作品依然很低廉，究其原因就是——人们依然难得在这位毫不时髦的画家身上发现更多的感兴趣的东西。

就在1824年，康斯泰布尔获得了迟来的事业荣誉上的首次重大成功，他的3幅画在巴黎展出时引起了不寻常的轰动，法国的同行们惊喜地找到了远隔大洋的自然灵感。此时，英国画坛也开始关注康斯泰布尔，英王查理五世给画家颁发了一枚金质奖章，对他的艺术贡献表示赏识和承认。在继而到来的展览上，画家又获得了第二枚奖章，康斯泰布尔的声望呈上升趋势，但这并没有给他带来实质的效益。1829年，康斯泰布尔才被正式授予学院院士。

康斯泰布尔一生中对命运或生活从未抱怨过，他只是一如既往地用绚丽充实的色彩表现自然的绿色生活。他的去世很突然，至今人们似乎还在回味他最后一次讲演时的结束语——“当人们的职业与爱好一致的时候，是他们最大的幸福。”他深谙这一真理，并无愧地为之奋斗了终生。

梅杜萨之筏

泰奥多尔·籍里柯(1791—1824)Theodore Gericault 法国

籍里柯独自一人凭自己的力量把船引向未来,法兰西本身、我们本身在《梅杜萨之筏》上被表现出来了。

——法国历史学家　弥列什

在19世纪,对法国浪漫主义和现实主义绘画有重要贡献的代表是年轻的泰奥多尔·籍里柯,作为绘画上新旧流派的交接现象,籍里柯属于时代的宠儿。就政治上看,籍里柯是个自由主义者和人道主义者,而在艺术上他是较复杂的。他喜欢气魄宏大的构图,一生创作的油画,既有感人至深的现实魅力,也有巴洛克装饰画的趣味。

在19世纪的法国,浪漫主义绘画的兴起是以极为激烈的形式体现的,它受到具有古典审美趣味人士的顽强抵抗,但是,浪漫主义最终取得了彪炳史册的胜利,籍里柯以他气势宏伟的创作,冲破了法国画坛古典主义的桎梏,使浪漫主义达到了顶峰。籍里柯这位只活了33岁的美术大师,在他26岁时,用了18个月的时间创作出了《梅杜萨之伐》这幅震动法国、波及欧洲的"写实"的巨作。这幅画结构宏伟,气势磅礴,情节激动人心,构思大胆富有戏剧性,构图严谨并充满律动,画中人情感激越,人体塑造坚实有力度,光影对比强烈,整个色调阴森沉郁,显示出震撼人心的悲剧力量。这幅杰作的问世,开辟了浪漫主义的艺术道路。《梅杜萨之筏》是一帧悲壮而粗犷的传世之作。籍里柯用他的色调与笔触,为我们讲述了一个激荡着奋争与不屈的海难事件。它是一面三棱镜,折射出幸存的人们那种在社会与人生、现实与理想的矛盾之中,对世界永远充满希望、面对灾难永不放弃的抗争精神。在这幅画中浪漫主义的激情和古典主义造型交织在一起,构成由古典主义向浪漫主义过渡的杰作。

KUANGSHI JIEZUO 旷世杰作

法国浪漫主义大师籍里柯的《梅杜萨之筏》,是直接取材于当时的现实生活的一幅杰作。描绘的是法国巡洋

舰“梅杜萨号”触礁沉没的事件：1816年7月2日，法国巡洋舰“梅杜萨号”满载着大批法国移民、政府职员和军人，在驶往塞内加尔途中，在西非布朗海峡触礁沉没。

1818—1819年·491厘米×716厘米·巴黎卢浮宫博物馆藏

酿成此祸的直接原因是波旁王朝任命了一个昏庸无能的贵族、保皇党分子肖马勒当舰长胡乱指挥。触礁后，肖马勒和高级官员分别乘六艘救生船逃命，剩下150人出于无奈，只得拥挤在一条临时扎起的木筏上，原先舰长和全体乘客订有公约，让6艘救生船缆索连接在木筏上，以便一同驶往附近海岸。但开船不久，救生船上的高级官员们为抢先脱险，先后割断了缆索，使木筏孤独无援地漂流在海上。7月5日晚一部分人被海浪冲走，第二天发生兵变，混乱中死去65人。第三天因饥饿、口渴、风吹日晒，一些人开始吞食尸体。到了第六天，木筏上仅剩15人，他们又继续在海上挣扎了一个星期，终于在第十三天早上被一艘寻找“梅杜萨号”财产的船只“阿古斯开号”发现，15个幸存者获救。对于这一事件，波旁王朝竭力封锁消息，掩盖事实真相，包庇肖马勒。不久，幸存者陆续回国，其中随舰外科医生萨维尼将遇难情况写成报告，全国舆论为之哗然。波旁王朝被迫审讯肖马勒，但却重罪轻判，仅给予降职处分，徒刑3年。而揭露事实真相的萨维尼和另一个幸存者地理学者科莱阿反而一度遭禁闭。对于这样一起牵扯面广、人物众多、时间长的重大事件，需要描绘和表现的地方太多了。但是，《梅杜萨之筏》只选择了幸存者初见“阿古斯开号”而欣喜若狂，呼唤求救的一瞬。不仅表现了船员们遭难的惨痛景象，还表现了船员求生的强烈愿望和意志，使观众不能不联想到酿成灾难的过去和未来，具有震撼人心的艺术效果。

骑马的侍卫队军官

画家为了描绘这起真实事件，阅读了生还者的回忆文字，并访问了幸存的那几个人，请他们作指导，并且自己还做了一只类似“梅杜萨”的木筏，亲自在海上漂泊，以获取真实的环境、

气氛和对大海风浪变幻的体验。他构思良久，先后构图多幅。为了能真实地再现当时的情和景，他亲自到病院观察垂死的人的情态，为了描绘死者的肉体色彩，他将解剖的死人体浸于海水中观察其色彩变化，他还请黄疸病人为他做模特，据说病中的德拉克洛瓦就曾做过他的模特，他的艺术观和创作直接影响了德拉克洛瓦。为了揭露这一骇人听闻的惨案，籍里柯怀着一个有正义感画家的良心，用手中的画笔，将这一自然灾难中人们求生的坚强意志和人们抗击灾难的勇气和信心，真实地再现出来。

JINGDIAN SHANGXI 经典赏析

法兰西那拉丁式的热情与浪漫

当籍里柯在画他的《梅杜萨之筏》的时候，允许我去看他作画，他给我这样强烈的印象，当我走出画室后，我像疯人一样跑回家去一步不停，直到我到家为止。

——法国画家　德拉克洛瓦

法国浪漫主义画派先驱者籍里柯的代表作《梅杜萨之筏》，是根据1816年法国航帆“梅杜萨号”触礁沉没，最后仅有15人坐木筏生还这一事件为素材绘制的。画面上描绘的是筏上徘徊在死亡边缘的幸存者望见远处船影时，嘶声呼救的情景。

籍里柯选中人类劫后余生的激荡与兴奋，作为《梅杜萨之筏》的精神主旋律，并用茫茫大海中筏上几近死灭的幸存者去全力表现作品的内涵，无论在选材与立意上都有经典意义。观者在《梅杜萨之筏》最上部与中部，可看到泛着暗红与黑灰色的云和透着苍白与悲哀的天空下面，那座被死神笼罩着的木筏上，因绝望与衰弱、极度兴奋而强烈扭曲躯体的人们。在整幅画的左下角，一位昏迷的男性下半身浸入木筏裂缝下的海水里，上半身尚贴挂在筏板上，他仰对天空的面容似很满足平和，但肤色表明他的表皮已快让海水泡烂了。在他的右侧，有位尽力挪动似已长眠不醒的裸体女人的男子，看不清他的面容，而他正弓着背，曲着腿，似乎正用倔强与残存的体力无奈地跟死神对峙。他旁边那位依偎木筏上的绝望麻木的女人身边的男人，头扎绳带，猛然转头倾听并用惊警的身体语言回应身边响起的呼救声。在最右边，有具头部浸入海水里的苍白尸体，他右腿搭在筏上长方条木上，身体恐怖的死白色与暗红色木筏和黑绿色的海水形成鲜明的对比。在画幅中部，两位幸存者在突如其来的希望中奋起，他们身上裸露部分的肌肉因狂喜而膨胀着，但拥抱着他俩的，或是绝望无力或是麻木昏迷的同伴，已无力响应那极度欢欣的声音了。画幅最上部6个人中有两位有着青铜肤色，肌肉发达的船工。他们正在木桶上剧烈地挥舞着一红一白的衣服，极力呼唤远处的帆影。那两件衣服如同火焰般，在风中烈烈舞动，在画幅右上部燃烧着欢欣与激情；左侧那位遥指远方回头告诉面庞上充满疑惑的同伴的幸

存者，表情急切、坚决，而最后一位黑人在他们中间，看不清表情，身影埋在黑暗里。画卷左上部，让暗红发黑的帆布包裹着的桅，与被风吹鼓胀的帆，正将筏中的人们，牵向让黑云笼罩着的，充满悲哀肃穆的死亡之海。

如上是《梅杜萨之筏》所绘的情境。整幅画自下至上，从死亡、悲伤、挣扎、昏迷、无力、苍白向奋起、呼吁、欢欣、鼓舞澎湃地过渡，自左至右，由无奈、迷茫、似乎不可逆转地航向死亡之海，向猛然间希望与兴奋、强烈活力在瞬间喷涌过渡。作品用冷酷的自然与死亡，人类边缘性的悲伤和衰弱，鲜明地衬托出人类突然迸发的激动与欢悦，这矛盾两方面的巨大反差让籍里柯出神入化的艺术与情感协调起来了。在《梅杜萨之筏》中，幸存者们形体动态与比例、曲直扭转、轻重虚实等所形成的抑扬顿挫的形式方面的气韵，跟苍浑壮阔的天空与大海及木筏，搭配协调得浑然天成，错落有致，自然流畅，这使作品具有一种无法言传的悲怆、激扬、英勇、抗争，热烈的音乐感。毫不夸张地说，《梅杜萨之筏》这部作品的主旋律，正如那在硝烟未散、遍野尸横的战场上空宏浑律动鸣响的《马赛曲》。籍里柯似乎把雄劲苍浑，伤悲深沉的音乐韵律变形成《梅杜萨之筏》中的色彩与线条，一波三折地表现着法兰西的痛楚、光荣、执著和梦想。此外，籍里柯在色彩运用上亦匠心独具，他用暗红、纯黑、藏青、深绿、深灰等郁忧色彩，烘托出在水手里迎风舞动的，鲜红与雪白的衣服，它们像征着画中求生者跳跃、激扬、不可抑制的兴奋与快慰。这跟濒于熄灭但只要有那一两朵火焰就可能重新烈烈燃烧的、泛着郁忧颜色的一堆未烧尽的木材相似，终于一红一白，激荡挥舞的火焰，已让或即将让木筏上生命近于熄灭的身躯，重新升腾起生命烈火。综上所述，《梅杜萨之筏》已经经典性地代言了法兰西那拉丁式的热情与浪漫，是源于何种苦难与毁灭。籍里柯的画笔似乎已触摸到法兰西民族激情与性格的底蕴。

疯女人

这部作品之所以成为经典作品，并非单纯地凭着画技高超、比例协调和谐、色彩运用让人叹为观止而成为经典的，而是它全现出了作者所处时代法国民族深沉的内涵。此外，当笔者得知籍里柯为此画的创作进行了认真准备，用了一年的时间上医院观察

病人与尸体并绘制了大量草图，才最后定稿时，更对画家严谨的艺术创作风格由衷生敬。

（佚　名）

YISHU RENSHENG 艺术人生

法国浪漫主义和现实主义绘画杰出代表泰奥多尔·籍里柯1791年9月出生在法国里昂。他自幼喜爱绘画，15岁时和家人从里昂迁居巴黎，两年后师从古典派画家格林学画。然而，对于古典派教条似的艺术规则，籍里柯异常反感，处处与之格格不入。终于，他的消极态度激怒了老师，格林把他赶出了画室，并当着同窗的面，说他：“你没有希望成为画家，一辈子不会有出息。”这句话刺伤了青年籍里柯的自尊，他暗下决心一定要成为绘画大家，一洗今天的耻辱。

因为他是被格林驱逐出门的人，许多画家碍于面子都不愿意收他为徒，对此籍里柯毫不气馁，没有老师他就遍访各大博物馆和画廊，从前辈大师的成就上学习有益的元素。一次，他在巴黎的画廊邂逅了一位绅士，绅士对他稔熟的知识、不俗的见地感到十分吃惊，两人产生了忘年的交情。这绅士就是画家格罗，他虽然是大卫的得意门生，却也是个古典派的叛逆者，正是他用现代的题材创作、丰富的色彩构图影响了籍里柯终生的艺术道路。

在格罗的帮助下，25岁时籍里柯远赴罗马学习，在这里他尤其被米开朗基罗雄浑有力的形体表现所吸引。他认真地揣摩大师的名作《最后的审判》，从中汲取了不少艺术养分。

严格说来，籍里柯没有正式的老师，他却是绘画史上少有的天才，他最为优秀之处就在学习诸大师的过程中能够兼容并蓄，博采百家之长为己所用。他对巴洛克时代瑰丽的色彩运用十分着迷，特别是对鲁本斯的作品达到了如痴如醉的地步，因此朋友开玩笑地送他一个诨号：“鲁本斯的厨娘”，意思是他对这位大师的表现手法唯命是从。

籍里柯还是把英国绘画介绍给法国画坛的第一人。1820年他去英国考察旅游，结识了自然风景画大师康斯泰布尔，并吸取了他单纯朴实的色彩表现手法。这次英国之行使籍里柯从任何摇摆中脱离出来，成为一个彻底的浪漫主义画家。

籍里柯的艺术从来不是游离于时代和大众之外的，动荡不休的社会现实、在温饱线上挣扎的大众，从来都是他关心的题材。他的《梅杜萨之筏》一问世就引起了古典主义学院派及官方的强烈不满，虽然直面威压，籍里柯依然故我，拒绝做任何违背创作意图的改动。

籍里柯还是个“马”迷，年轻时在街上走，突然看见一匹发狂的骏马，他被动物跃动的形态所吸引，领会了画马的奥秘。后来，他研究了英国著名动物画家乔治·斯塔布斯的所有画马的作品，练就了一手抓住运动中的马的特征进行速写的本领，并撰写了长期研究的成果，这就是无论在美术学或生物学上都大有价值的《马解剖学》。青年时，他创作了两幅以龙骑兵为题材的绘画，画面极具浪漫主义的色彩张力，马的形态准确生动。1814年，为了进一步研究马，他甚至参加了复辟王朝路易十八的近卫骑兵队。

籍里柯不仅喜欢马还喜欢赛马，他画了许多关于赛马的作品，《艾普松赛马》就是他在英国逗留期间所绘。籍里柯不仅进行艺术创作，还热衷于跨马驰骋，而这却是致命的——在1824年的一次马赛上，他不幸坠马，摔断了脊椎不治而死，带着未尽的才华逝去，年仅33岁。籍里柯的一生短暂却充满光彩，他为浪漫派的兴盛打开了大门。

艾普松赛马

自由领导人民

欧仁·德拉克洛瓦(1798—1863)Eugene Delacroix 法国

《自由领导人民》这幅画是1830年七月革命的真实纪录，但更是浪漫主义的寓意画，一幅唤起理想主义、自我牺牲精神和追求自由的浪漫主义作品。

——法国著名诗人　波德莱尔

德拉克洛瓦是19世纪最伟大的浪漫主义画家之一。他非常强调自由和个性，认为只有把艺术理解为能自由表达自己的印象和个性时，浪漫主义才能是浪漫主义。他在艺术中遵循的三条不变的法则是：忠于自然、忠于时代、忠于每种艺术所独具的个性，因而，他反对绘画与文学竞争，认为仿效文章会导致漫长而累赘的细节描写。他认为绘画的美感来自对色彩的特殊安排、光与影的变化。浪漫主义的对比、异国风情、幻想、热情在他的作品中得到充分的肯定。德拉克洛瓦是个彻头彻尾的色彩追求者，安格尔称之为“艺坛上的魔鬼”，印象主义的西涅克说他是色彩新纪元的开创者，在色彩运用上他取得了无法估量的成就。

反映1830年革命的《自由领导人民》是德拉克洛瓦最具有浪漫主义色彩的作品之一。画家以奔放的热情歌颂了这次工人、小资产阶级和知识分子参加的革命运动。这幅《自由领导人民》标志着德拉克洛瓦艺术的成熟。整个画面气势磅礴，结构紧凑，色调丰富炽烈，用笔奔放，有着强烈的感染力。1831年5月1日，此画在巴黎展出时，引起轰动。德国诗人海涅特意为此画写了赞美诗。

综观美术史，能走在时代前端的大师，往往理智与情感两方面都能达到微妙的均衡，就像一把剪刀的两面若不成对称的一半，就剪不开混沌，割不断纠缠。德拉克洛瓦便是一个“均衡”的艺术家，他在处理《自由领导人民》这幅画时候，将古典与浪漫的奔放完美地结合到一起，能以精妙的空间加以统合，使其成为艺术史上至今仍绽放绚丽光芒的杰作。

KUANGSHI JIEZUO 旷世杰作

德拉克洛瓦是浪漫主义画家的杰出代表，他善于把冥想和寓意表现为艺术形象。他的成名作是《但丁与维吉尔》，这幅画以浪漫主义的激情向传统的古典主义挑战。1824 年他以义愤的感情创作了《希阿岛的屠杀》。他在 1830 年法国七月革命时创作的《自由领导人民》更加富于激情，有极强烈的感染力，是其艺术的巅峰之作。

1830 年 · 260 厘米×325 厘米 · 巴黎卢浮宫博物馆藏

画上展示的巷战场面，是德拉克洛瓦在上百幅“七月革命”街垒战的草图的基础上定稿的画面。最引人注意的一位象征自由的女神，她头戴法国大革命时期的红色弗吉里亚帽、左手握枪，右手高举着迎风飘扬的三色旗。她是全画的中心，观众注目的焦点。女神的左侧，一个少年挥动双枪急奔而来，他象征着少年英雄阿莱尔；右侧那个穿黑上衣、戴高筒帽的大学生，就是德拉克洛瓦本人，他紧握步枪，眼中闪烁着对自由的渴望。

德拉克洛瓦在这幅作品中，大胆地把比喻和现实结合起来，通过激烈的场景及打动人心的情感反映了人民争取自由的斗争和对正义、幸福的未来的向往。在法国大革命的多次反复中德拉克洛瓦坚定地站在共和主义一边。他用绘画做武器，为实现共和、争取民主和自由而战斗。《自由领导人民》便是他这种理想的体现。在着手画这幅画的时候，他在给哥哥的一封信中谈到了自己的创作动机：“我正着手画一幅现代题材的作品——《街垒战》(即《自由领导人民》)。我虽然未能为祖国的自由而作战，但我至少要用绘画来为祖国争光！”

从他的这幅《自由领导人民》中我们可看出他对戏剧性场面、悲壮情节的偏爱。他的浪漫主义的表现方式既对学院派、古典主义的长期统治形成有力的冲击，也为 19 世纪绘画的现实主义运动和印象主义开拓了道路。1831 年，这幅画被法国政府收购，在卢森堡宫展出了数月，后因时局变化，还给了画家本人。17 年后的 1848 年，法国爆发了二月革命，法国人民要求把此画重新在卢森堡宫展览。同年 6 月，巴黎工人起义，此画又被政府摘下，理由是具有煽动性，直到 1874 年才被送入卢浮宫。

JINGDIAN SHANGXI 经典赏析

浪漫主义的自由之战

在浪漫主义的发展过程中，造就了一系列优秀的艺术家。他们对推动浪漫主义的发展起着不可磨灭的作用。他们的成就是浪漫主义的航标，把浪漫主义引向狂热，引向巅峰。从他们的作品中，我们可以分析浪漫主义驾驭情感的高超技艺。而浪漫主义绘画创作的真正主将，则非德拉克洛瓦莫属。波德莱尔曾经这样评价：“浪漫主义和色彩引我径直走向德拉克洛瓦。无从知晓他是否因被列入浪漫主义而感到自豪，但他的位置就在那里，因为从他的处女作起，大多数人早就公认他为现代画派的领袖。”德拉克洛瓦的艺术作品洋溢着感情，奔放不羁，洒脱大胆，不仅对浪漫主义，而且对现实主义、印象主义以及后来发展的各流派，都产生了深远而巨大的影响。他的作品是浪漫派创作的典型，具有不拘于常规的构图，强烈的色彩，其中积极的思想和悲剧的力量更是使其具有巨大的震撼力。

希阿岛的屠杀

1830 年的七月革命孕育了他最负盛名的作品《自由领导人民》，在这幅画中，他把浪漫主义的想象发挥到了极致，源于现实又更加热情奔放。自由女神高举着红、白、蓝三色旗，领导着人民为着自由和民主而战。战场上的硝烟与灰暗反衬了自由女神的洁白和美丽，而她身后，则是象征着各阶层人民的工人、知识分子和无数的群众。整幅画给人以强烈的视觉冲击，把无尽的生命力和不息的战斗激情包蕴其中，而其强烈的艺术效果早已超出了对主题的歌颂，它是“自然与偶然哺育的灵感”，从所有的思想领域中解放出来，彰显着艺术的魅力与追求，刹那间给人以感性思维的升华。

德拉克洛瓦以浪漫主义思想支配创作，根据当时的历史事件创作的这幅《自由领导人民》更多地运用了色彩的表现，运用了活跃的笔触，在画面的许多部位形成色彩的对比，增强了色彩的明亮度和华丽感，形成了震动当时画坛的风格。

德拉克洛瓦的《自由领导人民》凭借着它积极的浪漫主义以其独有的洒脱与激情驰骋于艺术之林，以它不凡的创造力谱写了史诗般的壮丽篇章。在浪漫主义艺术家德拉克洛瓦的眼中，情感的交融是他要向世人表达的语言。而他的想象与创造，更为我们的思想插上神奇的翅膀，在他的眼中“一幅美的画作，若忠实并等同于孕育它的梦幻，就应当像一个世界一样产生出来，是几番创造与积累的结果”，“它赋予梦幻更多的真实性，使之渐次臻于完善”。《自由领导人民》中的浪漫主义的强烈感情与热情的美，已经超越了形式，它早已进驻了我们的思维深处，神秘深远，荡气回肠。

（佚　名）

YISHU RENSHENG 艺术人生

浪漫主义画家的杰出代表德拉克洛瓦1798年出生在马赛，在法国南方强烈的阳光、澎湃的海潮声中度过了童年。这种生活经历使他日后的作品具有浓烈的光和色彩。在德拉克洛瓦的心中，总是向往着伟大的自然力指引的方向，他希冀用自己充满蓬勃不息元素的作品表达对生命不屈的呼声。

少年时，德拉克洛瓦的家境十分优越，父亲是一位政府的高官，曾做过总督和外任大使。外祖父家是波旁王朝的工艺师，小欧仁的母亲一生爱好音乐，舅舅吕盛奈是著名画家大卫的学生，自身也卓有成绩。然而，由于老德拉克洛瓦是个清廉的人，所以死时没有留下多少财产。16岁时，德拉克洛瓦与姐姐来到巴黎，过着寒酸的求学生活。在舅舅的推荐下，德拉克洛瓦做了学院派画家格林的学生。这时候，姐姐出嫁了，德拉克洛瓦的生活益发清苦了。他拒绝了舅舅和姐姐的经济帮助，希冀用艰苦的生活磨炼自己。

23岁时，德拉克洛瓦在沙龙展出了使他一举成名的《但丁的小舟》。据说，当时他连买画框的钱都掏不起，就把墙板拆下来，涂上黄色颜料，将就着算对付上了。《但丁的小舟》是《神曲》中的一个场面——诗人在前辈维吉尔的带领下游览地狱，渡过三途界阿格龙河，河中的亡灵攀挽着诗人的小舟，但丁心中感到万分恐惧。《但丁的小舟》一经问世，不仅博得了浪漫派年轻画家的好评，由于选材的原因，也得到了古典派画家的赞赏。特别是格罗男爵对此画推崇备至，认为已经超过了鲁本斯，并亲自买了最好的画框送去。

在经历了“希阿岛屠杀”的风波后，德拉克洛瓦对古老的东方文明产生了浓厚的兴趣，他积极地学习着东方文化，努力把异国情调吸引到他的作品里来。1828年，他受拜伦的《萨达那帕勒斯》的启发，描绘了阿尔及利亚第一王朝的最后一个君主在谋反者包围皇宫的时候准备自焚的情景——《萨达那帕勒斯之死》。画家把充斥着殉难、屠杀、挣扎、恐惧的动乱，放在一个闭塞的、凄惨的，而又是珠光宝气的空间里，极度缤纷的色彩、丰富想象的形象，构成了这幅动人心弦的力作。《萨达那帕勒斯之死》后来被浪漫派的重要分支的“东方派”奉为圭臬。

在从阿尔及利亚旅游回来后，德拉克洛瓦的作品中蕴涵着无比醇厚的东方色彩，他用大量的精力去观察东方民族的生活情趣，并用想象与热情加进了自己的艺术元素。此后，他的才思更加汹涌，几乎涉猎到任何题材的创作，如有关历史的《十字军攻陷君士坦丁堡》、有关神话的《阿丽雅德尼》、有关生活的《玩鹦鹉的女人》、有关战争的《冲锋的阿拉伯骑兵》等。

1830年，德拉克洛瓦受巴黎人民精神的感召绘制了《自由领导人民》，这使他从此成为了浪漫派艺术的领袖人物。1832年以后，由于对当局的不满，他开始回避现实，去摩洛哥和阿尔及利亚旅行，此后许多作品表现出唯美主义的倾向。这期间他把主要精力放在创作历史画上，《塔耶堡之战》、《十字军进入君士坦丁堡》等都以悲壮的气氛、戏剧性的情节和热情洋溢的人物造型，而有别于古典主义的历史画。他的大量肖像画，都能准确地抓住对象的精神面貌。1847 年前后他绘制的波旁宫众议院壁画、卢森堡图书馆壁画和卢浮宫阿波罗天顶画等，虽有丰富的想象力，但由于脱离生活，形象塑造显得异常贫乏和空虚。1863 年德拉克洛瓦逝世之后，人们在他的画室找到各种作品近 9 000 件，其中油画 853 件、水彩和素描近 8 000 件。

欧仁·德拉克洛瓦

三等车厢

奥诺莱·杜米埃(1808－1879)Honore Daumier 法国

今天,杜米埃主要以漫画家、社会政治讽刺家著称,他的画辛辣有力。但他同时也是个画家,他在提炼人的面部表情和身体形态方面才能卓著……在杜米埃最好的作品里,他的绘画表现力和设计感也与同时代人有很大不同,《三等车厢》是一个很好的例子,是他对人类状况的生动评述。

——《剑桥艺术史》

杜米埃是法国画家及讽刺漫画家。他一生致力于讽刺漫画,在法国有名的《讽刺漫画》周刊上,刊登了他大量的漫画。这些漫画,带有强烈的政治色彩,抨击了当朝的政治人物,揭露了他们残暴、虚伪和贪婪的本性。另一方面,他又以极大的同情,描绘了下层劳动人民受苦受难的社会现实。他因得罪权贵而坐过牢,一生生活在贫困之中。在思想上,他倾向于资产阶级民主革命,被人称为"具有拿破仑主义者的倾向"。

同时杜米埃也是卓越的油画家和雕塑家。与库尔贝一样,他也坚信美术和美术家应当立足于当代现实。但与库尔贝不同,他的造型语言更具主观色彩,更为概括。在油画领域内,杜米埃创作出一系列非常富于特色的作品,这些作品在形象塑造和色彩处理上,十分简洁生动。我们知道,漫画要求突出主要的特点,用寥寥几笔抓住最具表现力的东西,给人鲜明的感觉,这种特征也体现在杜米埃的油画风格上。

1862年·66厘米×91厘米·纽约大都会美术馆藏

《三等车厢》是杜米埃1862年所

作的油画名作。这是一幅带有政治倾向性的风俗画，画家曾以这个题材画过好几幅变体画。画面强烈的渲染力似乎把人带进这一颠簸的生活场景，使观者为作品中的人物命运而担忧。《三等车厢》好像既表现了短暂旅途生活，也象征着人生漫长的道路。不同的人有着不同的表情，他们在人生的道路上有着各自不同的遭遇。在这幅作品中，既没有幽默，更没有讽刺，而是通过这一特定的生活场景，揭示着下层人民生活的艰辛和命运的坎坷，同时，也十分严肃地表现了画家对劳动人民命运的关心。如此直接、真实地表现下层贫民生活的作品，在以往的美术史中实属罕见。因此，杜米埃的创作可以说是美术史上的一次伟大创举。

KUANGSHI JIEZUO 旷世杰作

《三等车厢》是一幅反映现实新生事物的作品，它为后人记下了 19 世纪 60 年代活生生的一页。那时，火车在法国刚刚出现，这种全新的交通工具给当时人们的生活带来了新的节奏变化。艺术家从这些普通人身上观察到了他们微妙的各异的内心世界，同时，也揭示了一种非常特殊的时代特征。

这是一群受尽了人生坎坷的下层市民。他们来自不同的地域，但是他们都在追求着各自的谋生出路。在“三等车厢”的前排坐着的看来像是一个贫苦农民的家庭。中间的老妪显示出饱经风霜的样子，左边怀抱婴儿的少妇也许是这个老人的儿媳，右边的男孩也许是老人的孙子。看来，由于长途旅行的辛劳他已支撑不住了，靠在那里正在打盹。车厢的后排，或许都是短程乘客；有的站着，有的坐着，显得有些拥挤。尽管他们在彼此对视，却好像非常陌生。

谈话的三位法官

作者准确地把握了近代都市的新鲜景象以及不同人物、不同心态、不同关系的人们拥挤在一起的隔阂感和孤独感。从这幅油画中，我们不难看出杜米埃已经远远超越了古典主义和浪漫主义的规范。他不仅仅把创作的主题从历史性的题材转向了当代现实生活，而且把创作手法从面面俱到、精描细刻的作风中解脱出来。他那敏锐、活泼、抒情的色块，简洁、泼辣和自由不羁的笔法不但给予后来的艺术家以深刻的启迪，也对现实主义美术创作原则的确立起到了重要的作用。

JINGDIAN SHANGXI 经典赏析

平凡背后的深刻

奥诺莱·杜米埃是19世纪法国现实主义绘画的代表。他曾经经历了19世纪法国历史上的三次重大革命：1830年革命、1840年革命和1871年巴黎公社。其一生所创作的绘画作品，种类丰富且数量惊人，包括约4000幅石版画、900多幅油画、水彩画和素描，以及60多件小雕塑。他以其生动的画笔，为我们勾画出了19世纪中叶法国社会的真实面貌。

杜米埃的艺术活动是19世纪法国现实主义美术运动的重要组成部分。现实主义艺术家倡导客观、冷静和真实地去观察和描绘生活，他们既不像古典主义那样按照美的模式去加工、美化生活，也不像浪漫主义那样按照主观臆想去夸张、扭曲生活，而是主张按照生活本来的样子去真实地进行描绘，表现亲切、自然、纯朴的现实。而典型性则是现实主义艺术的第二个特征，其艺术形象都是对现实生活进行概括和提炼的结晶。从这种真实性和典型性的角度看，杜米埃的《三等车厢》可以说是一件典型的现实主义杰作。

这件作品创作于1862年，是画家陷于彷徨与苦闷之中所作的一幅风俗性题材画。杜米埃就这一题材曾画过好几幅画稿。画面描绘的是三等车厢前排座位上一组贫苦人物：他们有的在打瞌睡，有的在沉思，另一些人则很想聊天。杜米埃指出："这些由于环境的促使而处于同一境况下的人们，彼此的思想、感情和体验是多么的不同。"在这幅画中，他使不同年龄、不同性格的人物形象形成鲜明对照，充分显示了其敏锐的观察力和刻画人物心理的高超技巧。观赏他的这幅画，我们可以发现这位艺术家所寻求的不仅是形象本身的艺术感染力，而且是整个画面所反映的生活主题。在这幅画中，对普通劳动者生活的朴实而严肃的描绘，使我们看见了法国下层人民的真实生活。杜米埃的油画是按照他自己的视觉方式来画的。在他的画上，不论中产阶级还是下层人物，也不论采用变形或取以粗犷的夸张手段，都不是在记录具体人物的各个细节，而是突出人物的身份和地位、内在性格以及人物品格所显示的社会现象。这是杜米埃油画的社会学意义所在。

在这幅画中，他以自己惯用的手法，重点刻画了主要人物，而次要形象则处理得十分简单。从整体上看，这幅画明暗对比强烈，画中的光线集中在前景的两个农妇的形象上，使其在暗色的背景上轮廓分外明确。画家以棕色为主色调，并以和谐的黄、红、蓝色作为点缀，组成统一的色调。杜米埃在这幅油画上，也像在他的版画中一样，喜欢用线条来勾画形象，处理明暗也比较简单。以流利的线条生动地勾勒出拥挤在车厢内的下层百姓的不同形象。从他的创作手法中，可以看到他比库尔贝更不拘成法。

杜米埃的画中总有一种挥之不去

的负赘感，像是生活的重压，也像是命运的负累。他那独具一格的绘画在当时并不为人看重，直到他去世前一年，雨果、巴尔扎克、卢梭等作家为他举办了一次个人油画展，这位批判现实主义大师才引起了整个巴黎的关注。

（佚　名）

YISHU RENSHENG 艺术人生

少年时代是杜米埃充满自豪的时光，他有着为家人称道的诗人的才华和敏锐的表现力。但生活与爱好却是两回事，他几乎没有上学就在父亲的工厂和市场上打工维持家用。曾在法官家里当小杂役的经历使他真正地从故事以外认识了这个荒唐而令人悲愤的世界。

奥诺莱·杜米埃

1814年杜米埃随父母迁居巴黎，像许多热血青年一样梦想着用灵感敲开缪斯的大门。他常和一些朋友在一起研习素描和版画，画些时新速写讽刺时弊。杜米埃是众青年中的佼佼者，他用充满战斗意志的作品，发泄着胸中的义愤之情。为了谋生，他不得不到法院一个执事家做工。在那里他接触了各阶层的人，那些贫苦受害者的冤屈，地位显赫者的龌龊，给他留下了深刻的印象，使他对社会现实有了充分了解，为他日后的绘画创作提供了经验和素材。

杜米埃从来没有正式进过美术学院，他先是在亚历山大·雷诺阿那里学过素描，后来跟随石版画家拉梅里学基本石版画技法，又在苏依塞学院临摹人体。但是杜米埃却凭借刻苦和灵慧，迅速掌握了绘画技巧。版画的学习成为他艺术的起点，也成为他一生最重要的创作手段。

杜米埃生活的时代，正是法国政治和阶级斗争尖锐激烈的时代。1848年的革命推翻了路易·菲利浦，1871年，人民打碎旧政权，建立了无产阶级新型政权——巴黎公社。作为人民画家，杜米埃始终站在斗争的前沿，用漫画进行战斗。1832年他画了一幅题为《高康大》的石版漫画，嘲讽路易·菲利浦王朝，鞭挞时弊，抨击腐朽，结果遭到迫害，被捕入狱达半年之久。他一生创作了近4 000幅版画，其中多为漫画，如《唐斯诺南街的屠杀》、《出版自由》、《谈话的三位法官》、《立法肚子》等。

这时，一些进步人士开始注意这个其貌不扬的青年和他的火药味十足的作品，杜米埃也开始和这些著名的进步人士接触。然而杜米埃始终是一个默默的艺坛耕耘者，他的名气仅仅在圈内的朋友间有着举足轻重的意义，大家都把他看做是一个热情真诚的艺术家。然而，这样的一个艺术奇才竟也遭遇了饥饿和窘迫。42岁时，他患了眼病，不能工作，更加应付不了巴黎昂贵的生活费用。柯罗为他找了间乡下的小屋，并经常去看望他，为他送些食物和生活费用。

行将就木的时候，杜米埃突然变得有名起来，先是雨果、巴比松画派的画家们为他办了展览。后来，有的理论家又说他画中线条潇洒自如堪与安格尔比肩。于是，买他作品的人开始多了起来，但1879年杜米埃却突然患脑出血离开了人世，享年71岁。

杜米埃生前，他的油画成绩几乎没有人提及，这是因为他在石版画上的成就完全盖住了朴素而严肃的油画作品。无论是人物形形色色的《三等车厢》，还是塞纳河边的《洗衣妇》，或是叫嚷的小贩和泥塑匠，他的画间总有一种挥之不去的负赘感，像是生活的重压，也像是命运的负累，然而他们的形象却有着雄健的美，有着比云石更质朴的内涵。就像他笔下的堂·吉诃德一样，他终生都做着与命运的悲壮的斗争。

拾 穗 者

让·弗朗索瓦·米勒(1814—1875)Jean Francois Millet 法国

米勒的《拾穗者》等作品刻画出他当时那个时代一般平民的心理和思想,表现了近代思想,是位高贵而不朽的人性画家。

——法国批评家　朱里亚·卡莱德

法国现实主义绘画的兴起,是以巴比松画派为先驱的。在这个画派中,最能实事求是地表现农民与自然的关系与矛盾的,当首推现实主义农民画家米勒。米勒是农民出身,一生描绘农夫的田园生活,笔触亲切而感人。罗曼·罗兰曾把米勒列为英雄之一,认为他具有忍耐、爱、勇气与信念,以及从事艺术不屈不挠的英雄精神。

米勒一生留下的作品不多,他从1840年至逝世的30多年间,所作的油画约80幅,而且多数是小幅。这并非是他对创作缺少热情和精力,而是他重于思考,每作一画经常重复思考,这可从他留下的许多素描草稿中看出。一位伟大的艺术家,并不在于作品之多寡,只要能有几幅作品在美术史上留名,也就足以永垂不朽。米勒就是如此,《拾穗者》、《播种者》和《晚祷》足以让他在美术史上占有重要的一席之地。

《拾穗者》是米勒最重要的代表作,这是一幅十分真实,而又给人以丰富联想的农村劳动生活的图画。米勒在画中描写了一个农村中最普通的情景。这幅表现农民境况的《拾穗者》在沙龙展出后,引起了资产阶级舆论界的广泛注意。一些评论家写文章说:"画家在这里是蕴有政治意图的,画上的农民有抗议声。"有人在报纸上发表评论说:"还这3个拾穗者如此自命不凡,简直就像3个司命运的女神。"

1857年·83.5厘米×111厘米·巴黎卢浮宫藏

整幅作品的手法极为简洁朴实，晴朗的天空和金黄色的麦地显得十分和谐，丰富的色彩统一于柔和的调子之中。它像米勒的其他代表作一样，虽然所画的内容通俗易懂，简明单纯，但又绝不是平庸浅薄，一览无余，而是寓意深长，发人深省，这是米勒艺术的重要特色。整个画面安静而又庄重，牧歌式地传达了米勒对农民艰难生活的深刻同情和米勒对农村生活的特别的挚爱。

收获者的午餐

KUANGSHI JIEZUO 旷世杰作

米勒是法国一位伟大的田园画家，他的风格，按照画史的严格区分，不应划进巴比松画派。但是米勒住在巴比松村达 27 年之久，时间比谁都长。在那里，他上午去田间劳动，午后画画，长年累月没有改变过，他了解巴比松比谁都深刻、真切。

米勒于 1857 年完成的《拾穗者》，本来是一幅描写农村夏收劳动的一个极其平凡的场面，可是它在当时所产生的艺术效果，却远不是画家所能意料的。秋天，金黄色的田野看上去一望无际。麦收后的土地上，有 3 个农妇正弯着身子十分细心地拾取遗落的麦穗，以补充家中的食物。她们身后那堆得像小山似的麦垛，似乎和她们毫不相关。我们虽然看不清这 3 个农妇的相貌及脸部的表情，但米勒却将她们的身姿描绘成有着古典雕刻一般庄重的美。3 个农妇的动作，略有角度的不同，又有动作连环的美，好像是一个农妇拾穗动作分解图。扎红色头巾的农妇正快速地拾着，另一只手握着麦穗的袋子里那一大束，看得出她已经捡了一会了，袋子里小有收获；扎蓝头巾的妇女已经被不断重复的一上一下的弯腰动作累坏了，她显得疲惫不堪，将左手撑在腰后，来支撑身体的力量；画右边的妇女，侧脸半弯着腰，手里捏着一束麦子，正仔细巡视那已经拾过一遍的麦地，看是否有漏捡的麦穗。农妇们就是如此往复地劳动着，为了全家的温饱，怀着对每粒粮食的感情，耐心而不辞辛苦地拾着麦穗。这幅画原来的题目是《八月》，表现的是一个欢乐的夏收场面，但画家的现实主义手法，使富饶美丽的农村自然景色与农民的辛酸劳动形成了对比。接近米勒的几位社会活动家看到了这幅画中可贵的真实，建议画家修改构图。在他们的鼓励下，米勒渐渐改变人物，直至最后前景上只剩下三个拾穗粒的农妇形象。热烈繁忙的夏收场面却被推到背景的最远处。这一修改，竟使作品产生了惊人的社会效果。

事实上，艺术的社会效果并不始终和画家的创作意图相一致。米勒的农村风景画从不寄予任何社会改革的愿望。但他的画常常被热心者用来鼓吹新政治，尤其在法国七月革命和

1848年事件之后，作为宣传民主的象征，米勒的地位突然显著起来，甚至被人们奉为社会的先知。在19世纪70年代以前，法国的农村还处在封建宗法制度下。农民对城市里发生的革命事件是淡漠的。他们对新事物并不很敏感，加上他们繁重的农业劳动，生活艰苦，自卫能力很弱，所以对巴黎倏忽出现的政治风暴是取观望态度的。米勒的《拾穗者》也表露出了这种精神状况，他从来不产生激动情绪。米勒是允许他的革命伙伴按他们的需要来解释他的作品的主题的。这一事实，足以说明米勒对于当代革命事件至少表示过同情。何况他的每一幅画的构思并非出于偶然。现存的这幅《拾穗者》的素描草稿就有20来张。这幅油画，不像库尔贝的某些画那样，成为激昂的政治演说或者社会论文，它是一件艺术品，非常之美而单纯，独立于议论之外。它的主题非常动人，精确；但画得那样坦率，使它高出于一般党派争论之上，从而无需撒谎，也无需使用夸张手法，就表现出了那真实而伟大的自然篇章，犹如荷马的诗篇。这就是米勒这一幅《拾穗者》的艺术意义所在。

JINGDIAN SHANGXI 经典赏析

永远的拾穗者

现代艺术家相信，一个在光天化日下的乞丐的确比坐在宝座上的国王还要美；……当远处主人满载麦子的大车在重压下呻吟时，我看到3个弯腰的农妇正在收获过的田里捡拾落穗，这比见到一个圣者殉难还要痛苦地抓住我的心灵。

——法国艺术评论家

朱理·卡斯塔奈里

米勒所处的时代距今已有100多年。即使有人忘记他的名字，他这著名的代表作《拾穗者》也不会被遗忘。

米勒安排这组画面人物体态，成了后辈画家研究构图的经典。人物朴实而动作优美，她们背后远处那合理而有序的铺陈，使作品弥漫着诗情。当我反复凝视护住脖颈的年轻女子那只伸向麦穗的手，盯住她那向前探出的食指时，我几乎悟到大地之神的魅力。读这幅作品，你不能不对劳动、对农民充满敬意。

米勒赋予劳动一种古典的庄严，那是人类所必需的生活义务的一部分。而他的可贵不在于为后代画家提供了富有建设性的形式和方法，而在于他完整、诚实地实现了他的人生信仰、艺术理想、绘画实践以及个人生活态度的和谐统一。他的绘画和他的个人生活不是矛盾体，他在创作《拾穗者》的时候，还处在连自己的孩子都喂不饱的困境，但他并没有因此放弃对劳动者的表现转而向讨好的卖得好的题材献媚，他接受着并在绘画中融化着他的痛苦。在生活的痛苦和创作过程的痛苦中他找到了严肃的宗教的喜悦心情。他笔下那些劳动着的人是以痛苦为自然的，因为它内含着道德，所以是善；而因为是善，所以才是美的。

这是米勒一生的信仰，决非他居高临下的一时冲动。

我第一次看到米勒的《拾穗者》，就一下子看出弥漫在画面上的挥之不去的忧伤，那掩藏在浓浓的金黄背后的沉沉忧伤啊，像冬日的寒风，在心灵深处撕开一条口子，让我看见生活原来伪装得足以以假乱真。我的伙伴，我的长辈，当我们在夏季炽烈的阳光下，一只脚走进麦地，一只脚跨过年轮之后，麦穗留给我们的就只剩下枯黄的岁月了，我们真正得到的，除了衰老的身体，还有什么呢？

我至今还忘不了幼小的我拾到第一穗麦子之后的快乐。那一枝小小的麦穗，抚平了尖利的麦茬留给我的恐惧，我开始敢于面对麦茬，面对随时出现的蜥蜴和蛇，就是因为我能够拾麦子了，因为我觉得我已经像母亲一样融入了村外的土地，我不再被冷落，也不再被忽视。一个麦穗，还有接下来的无数的麦穗、玉米穗、高粱穗，它们让我体会到成长的快乐，其实那时候我知道什么是成长呢，即使是今天，我依然不明白成长有没有意义，但是当年那种痛快淋漓的快乐，的确是来自那第一束麦穗。原来思想的历程与生活的负荷是没有多少必然联系的，否则，有多少人会湮没在生活的重压之下？

作为一个真正的拾穗者，我明白夏季之于收获是一个真正的节日，农民们在夏季流淌的汗水足以浇透干裂的土地。他们面对金黄色的麦子时的心情，是旁观者无法体会的。今天，拾穗者是越来越少，可以说是寥寥无几了，但是作为一段经历和历史，是没有什么能够代替它的位置的。

如今再看这幅《拾穗者》，它总能给人一种心灵的冲击，这与米勒的关注现实是分不开的。也许油画本身就是一种不是艺术的艺术，它那缤纷的油彩，能够把人生涂得五彩斑斓韵味无穷。用油画表现麦田，也许是最好的诠释，在美仑美奂的画中的麦田里，有着我们能够看到的生活讯息，在不远的和久远的年代里，我们也许只能从绘画中来观照我们未曾流尽的对于生活的记忆。

我想，我们真的应该感谢米勒，感谢那曾经的拾穗者生涯。

（遥　远）

YISHU RENSHENG 艺术人生

1814年，米勒生于诺曼底半岛偏僻地方的一个农夫家庭，他从小就帮助父亲在田间操作，经年的劳动培养了他勤劳的性格和强健的体魄。米勒是如何喜欢绘画的已经无从知晓了，他经常拿着炭条在地上绘制着草地上啃食的羊群、天空中飞扬的云朵。父亲一次看到他画的一幅农夫的素描后，惊讶于儿子的天分，于是节衣缩食送米勒到瑟堡学习绘画。然而，仅仅两个月后，父亲的突然病逝使米勒不得不在悲痛中返回家乡，从此，作为长子的他挑起了本来在父亲肩上的家庭的重担。

这时米勒已经19岁了，人们依然看不出他身上有丝毫的艺术痕迹，惟一理解他的祖母鼓励他，完成自己的学业——重新到瑟堡学习。于是米勒打点行囊，走上了再次求学的道路，回味着祖母临行时对他说的一句话："不要做不诚实的事；要永远记住，你是个农民！"

晚　祷

在瑟堡，米勒向格罗的学生兰格洛学习，但他与老师的艺术取向有着极大的差别，于是他自觉地到美术馆临摹心仪的作品。当老师知道后，非但没有怪罪他，反而把他的素描提交给市议会，建议资助这个年轻人去巴黎深造。由于老师的上下斡旋，米勒每年得到了300法郎的补助到艺术之都——巴黎继续他的学业，那一年他23岁。

在巴黎，米勒投在学院派画家德拉罗虚的门下。对米勒来讲，他无法说清这件事的利弊：德拉罗虚是当时法国著名的历史风情画家，是时人眼中所谓的"名师"；但同时德拉罗虚作品中强烈的装饰风格又是与米勒的创作意识根本相悖的。这个农民一点也不喜欢老师所传授的"描绘古典美风范的方法"，在他的骨子里勤恳诚实的劳动本性促使他反对这种以"美化客厅"为要义的绘画。不久，米勒身上的钱渐渐减少，也不够支付德拉罗虚先生高昂的学费了。于是，他干脆到卢浮宫临摹自己喜欢的艺术作品，靠一步步的摸索前进。

让·弗朗索瓦·米勒

作为画家，米勒从不褒扬自己的绘画，正像一个锄者在埋头不停理着土地。有时候，他除了画自己喜欢的农家生活，也画一些裸女小品到街上出卖，换钱维持生计。但是，他却听到了旁人的非议："米勒这个小子除了画裸体女人什么也不会画！"这深深地刺伤了米勒内心，又使他再次回忆起爱他的祖母的话，他决定结束这种不诚实的生活。同时，妻子的不幸亡故使他睹物神伤，他决定带着续弦和儿子离开巴黎住到乡间，像个真正的农民那样生活。

从 1849 年起直到逝世，米勒在 27 年中没有离开他隐居的巴比松村，他情愿过着贫苦的生活，描绘巴比松的大自然和劳动的农民。执著质朴的笔法和不事雕琢的风格，使他很快出了名。1850 年，在沙龙展出了他的《播种者》，引起了轰动。

米勒天性温和，他几乎反对任何形式的斗争。他的艺术出奇的平静，他从来都不是有些人宣称的"社会主义者"，他只是忠实地用农民的眼光表达着农民自己的想法和观点，并始终坚持自己的艺术理念，即使在艰难困苦的岁月——他的作品被许多人称为丑的东西加以驳斥，直到卢梭当上沙龙的主席，境况才有些好转，米勒的作品也开始被世人接受，他本人甚至获得了荣誉军团奖章和一等奖金。在这之后，他画出了一系列宏大壮丽的风景画，人们惊叹："原来米勒的画这么好"。普法战争爆发时，世外桃源巴比松也成了险地，米勒在颠沛流离中度过了晚年。最后，他一病不起，眼望枫丹白露森林，听着嗷嗷的鹿鸣，喃喃说着遗言："可怜的动物在呼唤我呢，我该去了。"

奥尔南的葬礼

古斯塔夫·库尔贝(1819—1877)Gustave Courbet 法国

《奥尔南的葬礼》是一件杰作,自大卫的《马拉之死》以后,在法国还没有谁画出过比它更惊人的作品。

——法国小说家　商弗勒里

19世纪中叶,写实主义成为继浪漫主义之后,又一个富于创造精神和变革勇气的文艺流派,它在法国土地上结出了最丰硕的绘画果实。在一批卓越的法国写实主义画家中,最引人注目的,当属古斯塔夫·库尔贝。作为写实主义的代表人物,库尔贝曾说:"像我见到的那样如实地表现我那个时代的风俗、思想和它的原貌。一句话,创造活的艺术,这就是我的目的。"写实主义的特点深深地渗透到他的每一幅画作当中去了。

库尔贝于1849年创作的《奥尔南的葬礼》是他的不朽之作,同时也是写实主义绘画的典范。《奥尔南的葬礼》堪称绘画中的"人间喜剧"掘墓工,从这幅画作中我们可以看出当时社会举行丧礼的情景,死者的亲朋好友、维持治安者、法官、公证人、教士、市长都刻画入木三分。虽然他们大都是例行公事,无任何其他的表情、动作。构图基本上在一条直线上安排这些着黑衣者,库尔贝却能把画面组织得引人入胜,而且对各人的心理都作了颇具匠心的考虑,把他们的奸诈、虚伪、贪婪毫不留情地揭示出来。源于生活的这种真实美摧毁了新古典主义的理想美,也摧毁了浪漫主义的夸张美,代表了个体主义的时代精神。

1849年·130厘米×664厘米·巴黎奥赛博物馆藏

《奥尔南的葬礼》这幅画,从题材到表现手法与当时的艺术沙龙都大相径庭。库尔贝用当时只有贵族才能拥有的真人般大小的画幅,描绘了这些生活在社会最底层的人物。由此引来了代表资产阶级的批评家的强烈指责，但同时也赢得了进步的社会舆论给予库尔贝的热情支持。而库尔贝本人也是毫无妥协，他依旧坚持自己的艺术风格。他始终都是一个硬汉子，以顽强的精神为扫除古典神话的陈腔滥调和表现现代生活而奋斗了一生。

KUANGSHI JIEZUO K旷世杰作

库尔贝在童年时就曾经画过城镇里的普通人、农民和资产阶级，当他再一次把这些人物当做他创作的主要人物时，这幅传统的历史画《奥尔南的葬礼》就变成了一幅当代现实既朴实又真切的写真。他仿照真人的尺寸画人物，使他们具有某种力量和性格，但是在库尔贝之前的许多艺术家的画作上，只将这些灌注在神话和英雄人物的形象上。因此，这幅画引起了一次真正的历史性的震撼。而《奥尔南的葬礼》的表现力量和强烈的戏剧性，就在于他有意地使这幅画摒弃一切浮夸，拒绝任何夸张的“效应”。它的构图极为简单，人物坚实有力。在表现人体、树木或石头时，都把它们变成活的物质。

不过，库尔贝强调，一幅画作呈现出现实景象并不算什么，最重要的是必须能够“使人思考”。而这幅画便将这个观点臻于完美境地，因为评论家商弗勒里在看过这幅画后说：“这幅画表现出那些资产阶级的可笑、卑劣。”

《奥尔南的葬礼》是库尔贝在他父亲的谷仓里创作的，画中一共画了50位同乡的肖像，其中能看得出来的有他的外祖父、本地教士、牧师、库尔贝的3个姊妹和他的母亲“手牵着一个女孩”。画肖像画最具代表性的画家首推哈尔斯和鲁本斯。这个传统的肖像画法，在这里以一种独创的方式获得了重振和恢复，库尔贝描绘了农民们会聚在一起的集体像，参加一场一同面对死亡的仪式。就这样，这幅画因它的社会学和人种学的分析，增添了形而上学的色彩，而成为一幅传世之作。

JINGDIAN SHANGXI J经典赏析

写实主义笔下的真实生活

这幅画以令人惊异的技巧画成，风景色彩的绝妙的透明感，以及红、白、青各色调子使整个画为之丰富起来。

——《艺术概论》

“库尔贝先生的艺术是我们这个时代最为优秀的文明成就之一，足以光耀后世，成为后人更是我本人的表率。”这是马奈在“印象派”沙龙成立会上所作的发言，从中我们看得出他是如何爱戴自己的这位前辈。然而，相对马奈那种任意为之的“随意”艺术，库尔贝的艺术模式却是另外一种范畴：它坚定、稳重，兼备色彩和造型的亮点，用超乎时代的伟大毅力塑造着现实主义形象。自库尔贝始，现实主义才真正登上了艺术舞台，“写实派”成为了一大流派形式。

写实主义并非是生活与自然的一般表面反映，而是透过现象反映事物的本质。库尔贝的庞然巨制《奥尔南的葬礼》震撼了法国的艺术大众。在他看来，写实主义意味着摒除大部分学院派艺术造作的手法，忠实、直接、且从个人体验的实证出发，去正视这个世界。因此，他的巨制油画《奥尔南的葬礼》描绘了一次乡村葬礼，令人强烈地感受到他令人惊异的写实技巧。

石　工

在巨大的《奥尔南的葬礼》画布上，人们并没有看到那些习惯了的历史场景和神话故事，库尔贝不想把观众拖回久远的古代，也不想让他们与梦幻相伴。他要向人们展示法国社会的现实，让他们看到那些活生生的人物，那些在每个小镇、每个乡村都会遇到的百姓形象。为此，库尔贝笔下的不再是那些新古典主义的那种追求高雅、堂皇的画风，以及浪漫主义者那种强调幻想、激情、诗意的画风。

库尔贝的这种态度，首先就体现在构图和色彩的处理上。《奥尔南的葬礼》的构图和色彩，反映出平凡的现实生活，朴实自然。他如实地排列起从左到右一长列参加葬礼的人群，这个塞满大部分画面的黑色长带，并没有什么优美的曲线，也不怎么讲究精巧的对称，而是突出了沉重的单调，那光秃的山地重复着这个黑色带的节律，强化着整个作品的基调。在这个压倒一切的黑色世界中，画家点缀了一些白色、灰色、褐色和红色。它们相互映衬、交错，在使画面的色彩奏出哀乐的同时，避免了过于沉闷和单调。自然，这也是甚或本身的面貌。

在具体刻画每个人物时，库尔贝以不动声色的沉着态度，捕捉种种真实的细节，以及富于表现力的典型事物。悲哀、害怕、沉思，不同的神态和不同的姿势，恰好是参加葬礼的不同人的绝好说明，逝者的亲人和执行任务的陌生人，当然不会有相同的表现。同时，每个人又是葬礼链条的有机组成部分，在展示这个普通而又庄严的场面上发挥着他人无法替代的作用。

看着《奥尔南的葬礼》这近似冷酷的场面，不用别人提醒，观者就会相信法国当时的现实是这样的。《奥尔南的葬礼》真实地反映了当时人们的生活面貌，同时也揭露了现实丑陋的一面。库尔贝从这幅画中打破传统学院画派的窠臼，从上层社会走入民间，从室内走到户外；绘画中尽是当代真挚的生命，真诚的生活，没有任何矫揉造作的情感。

正如他自己所说：“我只画我看见和感觉到的一切。”

（佚　名）

库尔贝是第一个真正的前卫画家。

——格林伯格

库尔贝1819年出生在法国，他自幼天赋聪颖，相貌出众，既高傲自大、自命不凡，又热情奔放、慷慨大方。他是一个地主的儿子，从小在当地的神学院学习，18岁那年被父亲送到皇家学院学习，但天性使他厌恶这里的官方气氛，经常反对教学方法。后来，父亲勉强同意送他到美术学院学画，拜在大卫的学生佛拉如勒门下。当然，在父亲的要求下，他不得不做出攻读文化课的样子。

古斯塔夫·库尔贝

佛拉如勒不久就去世了，库尔贝以“学习法律，以期成为律师”的借口来到了巴黎，在此他抱着热切的心情到卢浮宫临摹历代大师的作品，包括鲁本斯、委拉斯开兹、凡·代克、伦勃朗等人的画作，其中他尤为喜欢伦勃朗和委拉斯开兹的作品。这也就是他后来实践地描绘一系列充满光感的现实题材的由来吧！

1848年，二月革命开始了，法国社会进步思潮活跃，库尔贝的艺术也在这样的土壤里孕育起来，从那时起一直到1856年间，库尔贝进入了他的创作旺盛期，一些重要作品相继问世。同时，他也参加了法国巴黎的革命，自觉实践了维克多·雨果的口号：“昨天诗人讲的是公众；今天他讲的是人民。”他常与一群志同道合的艺术家和知识分子，一道去昂德勒啤酒店，并和波特莱尔、普鲁东、瓦莱、杜米埃和评论家尚弗勒里建立了友谊。

1849年，库尔贝创作了《石工》，这幅画后来毁于第一次世界大战中。它的主题在当时引起了激烈的争论，创作这幅画的灵感是来自于库尔贝在迈西埃尔附近的一次邂逅：他在路上看见两个凿石头的男人。他们那悲惨的境况——没有发展的窘状——让库尔贝印象深刻。他认为艺术必须描写这种真实的现象，结束当代那种“矫揉造作的艺术”。他的画作摆脱了古典的准则，那直言不讳的写实主义风格引起了一阵风波，而他本人的作风也是如此。

1854年，他的画在法兰克福展出，在德国大众的心目中获得很大的成功。在维也纳和柏林展出时也是如此。但是，他在故乡却不为人所知，因为万国博览会拒绝了他特别准备参加展览的画作，最后还将他贴上了反叛者的标签。这件事发生在1855年，拿破仑三世的表亲——皇家博物馆总监纽维尔克尔克伯爵，召见库尔贝，要他先向博览会提交一张《画室》的草图。这幅画是表现库尔贝7年艺术生涯的真实寓言，这里所指的“真实寓言”，是指库尔贝的艺术和政治观，他不仅想重申这7年来指导他的理想，并且画出曾帮助过他的朋友形象“从波特莱尔到普鲁东”，表现出能说明学院派和浪漫派艺术死亡的全部比喻。而且企图借着所安排的人物——知识分子、工人、猎人、丑角、教士、资产阶级、商人、高利贷发放者、掘墓人和妓女，来找出并确定不同的社会阶级。因此，库尔贝拒绝在伯爵面前接受考试，并宣称他是自己绘画的唯一仲裁者，他不仅是个画家，而且是个不纯为艺术，而是为赢得思想自由而作画的人。

结果这幅画没有被博览会采纳。另外两幅意味深长的作品《浴女》及《奥尔南的葬礼》，也遭到同样的命运。但是库尔贝的计划仍不因这种状况而失控，他在他的朋友兼艺术爱好者雅克·路易·阿尔弗雷德·布律亚斯的资助下，另外开辟了一个名叫“写实主义库尔贝”的展览室，就在距离官方博览会不远的地方。在这次的展览里，展出了40幅油画和素描，让德拉克洛瓦大为叹服，并不得不对库尔贝的作品表示赞美。

此后的时间里，库尔贝经常在家乡渔猎，过着恬淡的富绅生活。他用无比的热情描画着自然的美景森林、溪塘、田庄、海滩，画着生机勃勃的动物。这些画得到了包括学院派在内的许多艺术人士的好评，但以左拉为首的进步文人却遗憾地看到了库尔贝在艺术上的蜕变，他们非难地说：“库尔贝堕落了，跑到敌人一边去了。”

然而库尔贝立刻就做了一件证明他本心的事。1871年，巴黎公社成立了，库尔贝带着他改革社会的理想当选为公社文化教育委员会主席。在他的签署下，包括拆毁旺多姆圆柱在内的一系列社会文化革新运动开展了起来，但这也成为了公社失败后逮捕他的主要理由。在监狱中关押了半年后，库尔贝托人情以治病为借口得到了保释，不久就流亡到了瑞士，他留在国内的财产和画作旋即被当局拍卖。

瑞士人称库尔贝为“库尔贝老爹”，真诚地爱戴这位伟大的艺术斗士。画家本人却无时无刻不在惦念故土，挂念3个妹妹。他的健康也受到滋扰，竟至抱恨成疾，于1877年抑郁而终。

汲水井旁的妇女和小孩

卡米耶·毕沙罗(1830—1903)Camille Pissarro 法国

毕沙罗不研究理论，却对充满理论性的新印象派极感兴趣，因为它的表现很新奇。这一幅《汲水井旁的妇女和小孩》表现了“纯净、简洁、敦厚、柔和、自由、自发性和新鲜感”。

——高 更

1882年·81厘米×66厘米　美国芝加哥美术学院藏

1903年11月13日，印象派的一代大师毕沙罗离开了人世。在他去世前1年，远在塔希提岛的高更写道：“他是我的老师。”在他去世后3年，“现代绘画之父”塞尚在自己的展出作品目录中恭敬地签上“保罗·塞尚，毕沙罗的学生”。

毕沙罗是一个不断追随他喜爱的大师、画家和朋友们而改变自己画风的画家，但他所有过去尝试过的各种风格和手法，最终都融汇一气，凝聚成独具他个人的平凡而又出色的毕沙罗风格。在法国印象派画家中，毕沙罗是个举足轻重的人物。他不仅作品丰厚，而且对色彩的研究独辟蹊径。他是最早在外光中写生的画家，还是唯一一个参加过所有印象派画展的画家。

西方先锋艺术家中，有很多人钟情于乡下的人和事物，毕沙罗就是其中之一。《汲水井旁的妇女和小孩》是他最富有代表性的一幅作品，在这幅画中，那个汲水的妇女与小孩的形象，只有色的分界，没有形的分界，树木与杂草全是用细笔触点出来的。阳光爬满了每一片树叶，每一个空间，连妇女与小孩的裙子都闪着斑斑的光色，别具一番情趣。这些朴素的乡下的事物，在毕沙罗的笔下散发出永恒的艺术光芒。

K 旷世杰作 KUANGSHI JIEZUO

《汲水井旁的妇女和小孩》是毕沙罗的画风开始转向新印象派时的众多画作之一。毕沙罗不研究理论，却对充满理论性的新印象派极感兴趣，因为它的表现很新奇。毕沙罗深信科学对人类进步的意义，绘画与科学相结合，有力地吸引着这位始终不满足于现状，勇于探索的画家。这时，他给与他有来往的画商丢朗·吕厄写信道："我找到了一个现代的'综合'，它的方法是以科学为基础的。是以舍弗勒尔研究色彩的原理为依据的……这种方法是调子分解为它的构成因素，用这种光学调色法的类型和那些以颜料调色法所创作的画相比，它所显示的光度更为强烈。"

毕沙罗在创作《汲水井旁的妇女和小孩》这幅画时，受到修拉的影响，运用了"点彩"与"分割"原色的画法进行了大胆的尝试。透过整幅画我们能感觉到阳光从上方倾泻下来，因为毕沙罗在树木阴影的变化、妇女与小孩衣服之间造成强烈对比，同时也源于色彩之间隐隐约约的和谐。绿色和深绿色，白色和蓝色强烈的色彩跳跃，没有添加任何无用的过渡色彩，从而形成了阳光从天洒下的情景。毕沙罗擅长的这种笔法使画面显得生机勃勃，增加了光线的实际效果，人们的目光也必然明亮起来。毕沙罗一系列表现光线变化的画作，其风格在整个绘画界都是首屈一指的。

蒙马特尔大街的傍晚

J 经典赏析 JINGDIAN SHANGXI

毕沙罗笔下的田园风光

先前，当我看到《汲水井旁的妇女和小孩》时，我就想起遥远的乡下，树木葱茏，井水清凉，辘轳不断的吱吱呀呀的响动。这个莫名的想法让我在异乡的街头见到它时染上了沉重的乡愁，又有了悠远而顽固的冥想。自从那时起，我便记住了毕沙罗，这个19世纪的法国画家。

我只看过他的这一幅画《汲水井旁的妇女和小孩》便记住了这个法国画家。艺术这东西是难以言说的，有的画家我读过他整本画册，以及许多有关他的画作的介绍，过了一段时间后却在我记忆中毫无印象。我能够记住他，更多的原因是画中那浪漫而温情的法国乡下，那井台、妇女、孩子、树木、吊桶、天空、大地……它们安详地呈现在你的面前，那充满了中国古典田园的味道让我想起自己在川东平原乡下的童年，它们是如此地相像。

这幅散乱的画一直镶在我的记忆间，有好几次我在杂志上又读到了它，每每见到它都有一种老友重逢的感觉。它终于成为我在异乡漂泊时一段难以释怀的情结，让童年的川东乡下不断在回忆中重现，成为我乡愁的一部分。我记得有一个诗人在读这幅画时写下这样的诗句："母亲和她的孩子仿佛一高一低两个精致的盛水的器皿，夏天晃一晃，水就溅出来了，远处烈日下的树木全都背身站着，否则它们就会沿着那条小路拥挤着奔跑过来"。我不知道这是一种怎样的感受。我初读这幅画时便想起我的母亲、乡下、童年以及川东独有的阳光，有一股催我归家的味道袅袅升起，那种亲切味儿就像春天里在井台边晒被子一样的感受，平淡而生动，却惹人缠绵。

当我读毕沙罗这个西方的先锋艺术家的画作《汲水井旁的妇女和小孩》时，它给我的是一种心灵的震撼，让我沉浸在无尽的乡愁间，让我重新诵读有关艺术的新潮和传统。我的乡下时光在回忆中也如同毕沙罗笔下那样充满着宁静和安闲，读他的画让我想起我的水乡故园。夏末，风吹着蓊郁的树林，叶子在沙沙作响，阳光很明媚地照耀着叶片，在野外的青草地上有一口汲水的辘轳，木质的刻满岁月的沧桑的轮套，井台上斑驳的砖块，长满青苔的井沿，在井边濯洗衣服的妇人，不远处的树木下，孩子在嬉戏，蝉在鸣叫……这样的图画多么熟悉而深刻，这样的场景永远镶在我对乡下的回忆中。

许多年以后当我离家远走，在拥挤的喧哗的城市中生活，乡下已经远远地搁置在无人光顾的角落，为了所谓的生活日益麻木。在不知所措中，我突然读到了毕沙罗的《汲水井旁的妇女和小孩》时，我才恍然大悟想起乡下的美好时光来。那里弥漫出来的宁静、天然、闲适，它们已深深地融入我的骨骼内部。我不敢想象这样突然而至的感受，与我学习绘画的历程何其相似。艺术是一条回家之路，在脚步不断远行时，内心不断地向家地方向归来。而我们的人生又何尝不是这样一条路。

我突然目睹毕沙罗的《汲水井旁的妇女和小孩》才想起自己。一直以来，我都企图远远离开那个生我的贫困的乡下，走出那个狭小的乡村，但是许多年了我才发现我的内心一天都没有离开那个村庄，它的明净、清澈、充满温暖的味道一直跟随着我。毕沙罗是仁慈的，在他的绘画中，我找到了一条抵达家园的路。（郑小琼）

YISHU RENSHENG 艺术人生

卡米耶·毕沙罗1830年7月10日生于安迪列斯群岛的法属殖民地圣·托马斯，父亲是一位原籍葡萄牙的法国犹太人。毕沙罗在这里度过了一个充满异国情调的童年。1841年毕沙罗被父亲送到法国读书，在读书的这段时间里他住在位于巴黎附近的帕希。1848年他又回到了托马斯，在一家商号里做职员，在闲暇时他就到港口码头为装卸货物的工人画一些速写。但对商业毫无兴趣的毕沙罗在1852年离开了商号，来到委内瑞拉，全身心地投入到他热爱的绘画事业当中去。1855年他又回到巴黎，在那里他一度被柯罗所吸引。

卡米耶·毕沙罗

1859年，他的作品入选沙龙。而其后，则连续两次落选。就在那时，他因为和母亲的女仆相爱同居，家里因此不再给他资助。他的生活陷入了窘境，画又卖不出去。为了糊口，他甚至不得不去做油漆工——好在画刷跟油漆刷差别不大。妻子也下到田间，拼苦拼累地挣点工钱。贫穷没能击倒这位坚韧的画家。在给一个朋友的信里，他说："绘画使我快乐，它是我的生命，其他无关紧要。"作家左拉在看过他的《雅莱山，蓬图瓦兹》后，称誉他是"我们这个时代三四位大画家之一。他的笔法坚实粗放，有大师的传统。这样美丽的画幅只能出自一个诚实者之手。"

1870年，毕沙罗被普法战争赶至伦敦，在那里认识了画商保罗·丢朗吕厄，他后来成为毕沙罗艺术最重要的赞助商。而英国风景画大师康斯泰布尔、透纳等的作品则是他此行的另一个意外收获，他绘画的色彩因此变得欢畅明亮。

由于总是被沙龙拒之门外，1874年，莫奈提出搞个独立展览，跟沙龙对抗，毕沙罗等画家大力支持。于是，一个以"无名艺术家、画家、雕塑家和版画家协会"为名组织的联展开幕了。可是，他们得到的只是一片哄笑和讥讽。连续几次展览的失败，连当初雄心勃勃的发起者莫奈也萌生退意。当1879年准备第四次展览时，他终于屈服，把自己的作品送向沙龙，退出了印象派团体。而毕沙罗静静地坚守着，他没有野心，当团体内部卷入争吵之中，他的坚定、安详、平和、谦逊、智慧与热诚，不仅为他赢得了尊敬，也使他成为这个团体的稳定因素和实际上的领袖。他先后吸引了塞尚、高更、修拉、西涅克等参加联展。

毕沙罗的生活虽然充满了艰辛，但他没有怨天尤人，却在其中努力发掘诗意之美和快乐之光，他对自己的儿子说："一切事物都有美，问题在于怎样把它表现出来。"晚年的毕沙罗仍然创作不辍。60岁后，由于腿病，他无法再深入大自然中写生，就天天在窗边作画，毕沙罗曾说过："我感觉到，只要我的眼睛一睁开，我的意识就开始得到自由了。"这番话表明了他的艺术同他的精神生活的深刻联系。毕沙罗是个坚定不移的自然主义者，可是他很早就理解了艺术绝不能受自然法则的支配，而是一种自主的现实。他满怀坚强信念，在属于自己的领域里坚持创作真正体现自我风格的作品。

1903年11月3日，毕沙罗与世长辞。他已经活着看到印象派的普遍成就，看到它很快成为陈迹并被更多的新画派所代替，这位年迈而又永远年轻的画家，对这一切一定是非常理解和欣然接受的。

吹笛少年

爱德华·马奈(1832—1883)Edouard Manet 法国

我相信不可能用比他更简单的手段获得比这更强烈的效果的了。我们前一辈人嘲笑了马奈，到了今天，我们都在他的《吹笛少年》前流连忘返；今天又在嘲笑马奈，将来又该在他的画前出神羡慕了。马奈先生一定是巨匠，我对此坚信不疑。

——法国著名作家　左　拉

爱德华·马奈是法国19世纪的著名画家，印象派领袖，其强烈的绘画敏感性和典范性的作品，使他所处时代的绘画发生了天翻地覆的变化。马奈是法国印象主义画派中的著名画家，他对欧洲绘画的发展有重要贡献。尽管他从来没有参加过印象派画家的联合展览，但仍被认为是印象主义画派的奠基人。他第一个把印象主义的光和色彩带进了人物画，开创了印象主义画风。马奈早年受过学院派的6年教育，后又研究历代大师的作品。他的画既有传统绘画坚实的造型，又有印象主义画派明亮、鲜艳、充满光感的色彩，可以说他是一个承上启下的重要画家。

马奈的《吹笛少年》是被世界艺术界公认为艺术和市场价值都比较高的一幅作品，画中描绘的是近卫军乐队里的一位少年吹笛手的肖像。作品典型地体现了马奈一贯的处理手法，造型稳健、笔触流畅，单纯而简洁的画风非常感情化，有着较强的第一印象痕迹。同时，我们也可以从中领略到画家良好修养和高雅品质的流露。这幅被当时官方沙龙展的评委们拒之门外的作品，在今天已经被人们认为是一幅价值连城的艺术珍品。

KUANGSHI JIEZUO 旷世杰作

《吹笛少年》在马奈的作品当中有一定的代表性，是他个人作品当中的不可多得之作。马奈被称为印象派之父，但他并不是一个严格意义上的印象派画家，马奈受过很深的学院派的影响，比较崇拜像西班牙的画家格雅那样的绘画方式。

1866年·161厘米×97厘米·巴黎奥塞博物馆藏

《吹笛少年》是印象派最早期画作之一，它摒弃了以往描画人物的风格，画底背景没有刻意交代，但色彩细微变化在灰底色上，仅仅给人一种空气在人物周围流动的印象。画家在他的肖像画中常常使用的这种中性的不可触知的背景，是受黄金时代的西班牙画家，尤其是贝拉斯克斯和牟利罗的启迪，孩子、其服装及其短笛构成画的唯一主题，这幅画的朴实无华见证了马奈的现代性。马奈在探索形与色的统一时，注意到对人物个性特征的刻画。在色彩上追求一种稳定的、几乎没有变化的亮面，然后突然转入暗部，将人物置于浅灰色、近乎平涂的明亮背景中进行描绘，用比较概括的色块将形体显示出来。在这幅画中没有阴影，没有视平线，没有轮廓线，以最小限度的主体层次来作画，否定了三度空间的深远感。

草地上的午餐

《吹笛少年》这幅画的历史意义与其说是在艺术技巧上，不如说是在艺术家所表现的勇敢精神上，它是一个象征，一个敢于向传统的审美挑战的精神之象征。

J JINGDIAN SHANGXI 经典赏析

马奈之"我手画我见"

马奈的作品（尤其是肖像画）很自然地反映出人物的性格和心理。《吹笛少年》用几乎没有影子的平面人物画法，表现人物的实在，从这里我们可以看到马奈的才气和自负感。

马奈这样一个风度翩翩的上流公子，对衣食的讲究并没有抵触他对色彩的执著。黑与白之间，他完全摒弃了渐弱的灰影带来的暧昧性，独爱由最光面直接引入黑暗的反差色彩构图，以及粗色差酿造出的活力与创造力。

马奈革命性的现代色彩构图风格，在《吹笛少年》中表现得更简洁有力。受当时风靡画坛的日本版画技巧影响，平涂颜色的笔触突出了色彩纯粹的力量。画中男孩的黑衣和红裤，在淡黄蓝黑的纯净背景前呼之欲出。没有界限的背景下，我们只能隐约看到地上比墙上的色泽稍微明亮，然而男孩右脚用力，左脚向前斜立的姿态，画出了“地”的存在感。他红裤旁的黑条子，除了表现出裤子内肉体的质感，更强调了男童斜倾吹笛的姿态，而挂在他身上位于黑衣红裤之间的金笛子筒，马奈却以粗笔触强调金属感，这金属色在平涂的红白黑及单纯背景里，给我们某种视觉上的错觉——吹笛男孩就在咫尺之间，我们可以伸手触及他的金笛子筒。

这幅画最有意义的地方在于处理人物和空间的态度。自文艺复兴以来，画家一直致力在二维平面上创造出三维的立体人物和深度空间，可马奈的作品却呈现出回归平面的趋势，而回归平面正是西方现代绘画的一个重要特征。马奈放弃利用侧光突出立体感的传统方式，让正面的光直射在少年的手、脸及身体上，从而减少了明暗的变化，也就减少了立体的效果。虽然个别地方仍有投影，但就总体而言，显得相当平面化。这平面化的形象，像剪纸一样贴在同样没有什么纵深感的虚拟背景上。这一切，在当时来看是非常“前卫”的，所以《吹笛少年》多次被官方沙龙展的评委会拒绝。难怪库尔贝这位老一代的大师，会敏感地指出它像扑克牌的黑桃皇后。当时还有许多人批评他的作品缺少厚度，处理过于简单等，这些现在来看正是他对欧洲绘画传统技法和理念的可贵突破。这种简练老到的处理手法，据说是他使用了“秘密武器”——一种表面微凹被称之为“克劳德”的暗色镜子。通过它观察物像，色调被简化了，从而更注重于把握画面的整体效果与色块分布状况。正是这种新颖的特点，显示出他敢于对文艺复兴以来确立的神圣法则提出挑战。在这个意义上，即使马奈不愿意，他也不得不接受革命者的称号。

德加说：“我们低估了他的伟大。”就一位对 19 世纪艺术产生了深远影响的艺术家，这是一句恰如其分的墓志铭。今天，我们想到印象派，首先想到从当时传统画室束缚的艺术中脱颖而出的一个群体，但是使之成为现实的，首先应归功于马奈。在旧派和新派之间，他是一座沟通的桥梁。马奈“我手画我见”的思想，表现现代世界的真理的思想，为后人铺平了崭新的道路。

（佚　名）

YISHU RENSHENG 艺术人生

马奈 1832 年出生于法国的一个上流社会家庭，他父亲是巴黎高等法院的法官，母亲是法国大贵族的后裔，家中生活非常殷实。作为长子，父母对马奈有着相当高的期望，希望他成为一个出色的官吏或是法律家，但马奈从小喜欢画画，决定"将来要当画家"。到16岁时，他对父母说明自己的决定，但立刻遭到了反对。

在马奈的坚持下，他的父母做出了让步，并亲自为他找了大画家库退尔做他的老师。库退尔先生是法国著名的学院派代表人物，也是研究卓著的古代美术史学家和美术教育家。因此马奈一开始所受的指导严谨而庄正，先生用一种近乎刻板的训练方式教他反复画石膏像或是临摹前代大师的素描，马奈也因此打下了良好的绘画基础。

库退尔从心底喜欢马奈向往艺术的天性，并发现了这个时髦青年身上蕴藏的绘画天分，他希冀在自己手下走出法国的安格尔或是德拉罗什。他用极大的耐心忍耐着这青年身上桀骜不驯的气质，并一次次地向马奈的双亲"报喜"——"埃多瓦的素描比他笔下的色彩更为出色，博得了学院同仁的赞赏"，"他总是把画稿仔细地审定，然后几乎是一笔绘就"。但他的那一套传统原则使马奈感到十分厌烦，尽管他对库退尔先生的苦心非常感激，却终于忍受不了老师绘画中自以为是的古典考证模式。5年后的一天，马奈希望凭自己意向画老师布置的题目，但先生却坚持要马奈按照严格的学院主义方法完成，两人积压多年的离隙由是变成了一场不可避免的冲突。马奈大声嚷道："先生，我要按我所见的画画，而不愿意照别人所看到的那样画。"然后转身离去，再也没有回来。

这次著名的争吵就是公认的"印象派第一步"，马奈的心中开始酝酿着

爱德华·马奈

一场绘画主义革新的风暴。他没有再拜其他画家为师，而是到各国的各大博物馆，站在以前的各位大师面前用自己的方式进行临摹学习。他的临摹独特而新奇，重视用眼睛学习绘画上的创作手法，渐渐地，印象主义的初级理论诞生了。他那时的作品，显出严谨的古典主义布局和流畅的写实风格并重的特点，然而却是真正的转型时期的作品。社会对这个青年显出极不耐烦的态度，人们嘲笑并轻视这些看似游移于古典风尚之外的作品，时常有这样的论调："这些东西不是画，简直什么也不是，只不过是把颜料倾翻在画布上而已。"有人还把马奈称为"狂人"，他的一系列作品饱尝了由嘲讽到冷落，再到查禁的命运。

在懊丧之余，使马奈感到欣慰的是一大批用新的理论武装的画家们开始以他为中心开展艺术活动，这就是

印象派的沙龙——“马奈帮”。1863年，历史给了马奈一个出名的机会，即他的《草地上的午餐》在沙龙上展出引起了一场不小的风波。从此，马奈帮的名气变得益发显著，成为统率一干在野画家的旗帜。

马奈的生活除激烈的斗争，便是静谧的想象，他总是喜欢一个人单独地揣摩文学的心神，喜欢在火热的生活中稍稍露一下头就走到一边做个旁观者。马奈绝对是个社会的人，他从不是后来的不切实际、高高地以俯仰状笑骂人生的画家。虽然是愤世嫉俗的，他却是社会改革的积极倡导者。普法战争爆发时，他抱着一颗爱国心作为陆军参谋部的军官活跃在战场上，并画成了许多作品，如《阿拉伯海战》等。在画完数百幅作品后，马奈终于病倒了。手术后，他被切除了一条腿，躺在床上休养。因为印象派画家们日渐盛隆的声势，学院派势力开始对马奈进行拉拢，而他心中对声名的渴望使得他终于向着敌对的阵营迈出了小小的一步——接受了学院派颁发的奖章。朋友们因此渐渐远离了他，在后悔不迭的同时，马奈的病情也突然恶化，最终在社会微微的赞扬声中于1883年离开了人世。

舞蹈课

埃德加·德加(1834—1917)Edgar Degas 法国

德加因《舞蹈课》一画而享有“表现动态人物的大师”的美誉。

——法国画家　雷诺阿

巴黎对一个艺术者来说是一个纯粹的透明的梦想，它是所有艺术家们的首都，那里有瑞士人卢梭，有意大利人波拿巴，西班牙人毕加索，还有德彪西、笛卡尔……他们的光芒使得巴黎是那样的灿烂。德加是这些使巴黎灿烂的星辰中的一颗。德加是印象派画家中独具特色的人物画家，尤以擅画舞女著称，他以扎实的素描功底与印象派色彩结合，自称是“运用线条的色彩画家”。

德加一生创作了大量的舞女形象，他不断地在他的画中展示着那些在时尚的前沿舞蹈着的人，他把她们的动作和姿态当做研究空间布局的最好素材。《舞蹈课》无疑是德加这一题材系列画中的佼佼者。这幅画体现出德加绘画的典型特征：对现代性的敏锐感觉，对新颖拼版的兴趣，善于捕捉瞬间即逝的动作。这个印象派画家显然对这种美有一种天然的挚爱。那舞蹈像风一样旋转起来，那舞蹈者便像云一样飘然而起，在灯光与音乐中她们的美是惊心动魄的，她们会让你在刹那间屏住呼吸，然后是不可抑制的心跳。

1834～1876 年·85 厘米×75 厘米·巴黎奥塞博物馆藏

他在《舞蹈课》中所画的那些人物，给人的印象都像是直接写生的作品，而实际都是他在认真的观察之后，凭着记忆默写，或者是通过照相机拍摄作为蓝本的。他特别注重第一印象，无丝毫的矫揉造作。他通过描绘芭蕾舞演员的另一个侧面，即以充满同情之心的笔触来表现那些经过了冗长的排练，在后台休息，已经精疲力竭的可怜的女孩们。他极善于捕捉普通生活中的美感，而且他的画中也深深表现出他对下层社会人物的同情。

KUANGSHI JIEZUO K旷世杰作

德加表现舞蹈场景的作品甚多，为他赢得了“舞蹈女演员画家”的声誉；德加从 1870 年开始采用这个主题，后来把它扩大到他的大部分作品中，直到最后画了着色很重的舞蹈女演员侧面像的色粉画。

在这幅《舞蹈课》上，德加显然在运笔上要比以前更大胆一些，他运用色粉画和油画棒的随意自然的色彩和强烈、粗糙的线条来做这幅画，以此来获得他要追求的最佳效果。色粉笔能造成近似素描的效果，很符合他强调的素描表现手段，能很恰当地表现出薄如蝉翼的芭蕾舞服装以及室内的强烈灯光反射。一位年迈的老教师，手支着拐杖（据说这个白发老人就是舞蹈教练朱理・潘罗），站在中间准备发出开始的命令。近景上两个背对观众的演员，全神贯注地看着老师，另一个坐在钢琴上的舞女，似乎已很疲倦，她闭目仰头，利用有限的间隙在休息。这幅全景式构图从另一个侧面反映了芭蕾舞演员在后台的练功生活，给人以感人的印象。德加在这幅画上着重

舞蹈课

注意到室内灯光的效应。笔法较奔放，外光技巧运用得很好，但总的艺术效果是以写实性为主调。画面采用了斜向视点，留驻屋顶一角，地板条线形成清晰的透视，光色处理得朦胧幽雅，舞蹈者动静结合。那些腰带与整个画面十分协调，却又绚丽多彩；那些动作沉稳定格，却又瞬息即逝。

1874 年，爱德蒙・德・龚古尔在访问德加后，曾在日记中谈到他的这幅作品时说，他的画完全符合“写实主义”的艺术精神；又说，“在我所见到的人中”，唯有他最出色地抓住了“现代生活的气氛和现代精神”。

JINGDIAN SHANGXI J经典赏析

色彩与光线的完美结合

当莫奈的《睡莲》，马奈的《吹笛少年》，塞尚的《浴女》，特别是我偏爱的

德加的《舞蹈课》在眼前一一呈现时，我就像孩子第一次看到满天烟花盛开时那样兴奋，只因她们太真实、太美丽了。

德加作画，以写生和记忆相结合。他笔下的人物及千姿百态的动作，因毫无做作的真实而具有真正的自然主义风格。所以他所说的记忆，是经过提炼概括的本质形象，只有对生活入微的观察才能达到这个层次。在这幅《舞蹈课》中所呈现出的环境、人物姿态都很真实生动。据说他为了画芭蕾舞题材，购买了剧院的季票，并获特许可以自由出入于乐池、后台休息室和排练厅。这幅《舞蹈课》就是描绘在排练厅上课的情景。

早在1848年时，著名诗人波特莱尔就猛烈地抨击官方沙龙，说他们的美术作品从不反映真正的“巴黎生活”。他主张艺术家应从真正的“巴黎生活”中寻找丰富的题材，而不要把精力用在仅仅表现“现代生活的英雄主义”上。印象派的积极支持者左拉，以及作家龚古尔兄弟当时都提出要冲破学院派绘画“虚伪与假感伤主义”的约束，主张画笔应触及“当代巴黎生活”，要敢于“献身于真理”。当时法国进步的文艺思潮对陈腐的传统艺术正在进行革命的冲击，其中舞蹈演员历来是巴黎女人诱惑的象征，也常常是各种争议的源头。此时的德加虽然在艺术上还不很成熟，但已感受到这个时代的召唤。德加便开始寻求一种新的创作风格，好在自己的作品中打破“艺术与日常生活的界限”，既表现出真实的生活，又给人以美的享受。他在描绘这些舞蹈演员的生活时，对他们平时的苦练生活也发生了兴趣，因而观者从他的画上不仅仅只看到卖艺人在舞台上的形象。埃德加·德加的作品《舞蹈课》把这一主题发掘得淋漓尽致。作品中舞蹈老师的侧影、严肃的表情，突出了舞蹈演员们的窈窕淑女的优雅与性感。他的《舞蹈课》中的每个形象不论是在舞蹈，还是在休息，其形态在画上是前后重叠的，还是相互穿插的，没有一个形象动作是雷同的，皆各呈姿态，表现出画家超卓的功力。

19世纪60年代，德加开始对光与色进行了探索，在他的笔下总是能将光与色两者完美地结合起来，可以说他是这方面的大师。在他的这幅《舞蹈课》中，他运用了一种让人着迷的、戏剧般的浪漫光束，以一种抽象的结构描绘芭蕾舞演员的翩翩舞姿。乍看之下，这幅画好比一幅摄影作品，但事实上，透过X光摄影可以确定这幅画的整体构图和主角的所在位置，是画家长时间在画室中深思熟虑后慢慢形成的。画家在此以仰视的角度观察变化多端的舞者姿态，因为缩小景深的画法，使得居于画中的老师在比例上明显的比幅左的舞者小了许多。德加的画里没有故事，他只以冷静客观的态度来看事物，正如莫奈等印象派画家看周遭风景一样。在这幅画中，德加选择了朝向一个绿墙围绕的大厅一角的一个斜向视点，把柱子所强调的空间放大了，他还用天花板的一角截断、封住画面边缘，这种构图非常新颖。由于他取景角度与众不同，所以在他的这幅画中往往会产生人为的奇特的光线效果，使观众联想到即将排练的梦幻般的舞剧。他始终称自己是一个“独立的人”，他说：“你们采用的是自然光，我采用的是人工光。”正是这种色彩和抽象的组织形式，才使德加在他同时代的印象派画家中占据着更为重要的地位。

德加是最惹人好感的画家之一。他笔下的芭蕾舞女是如此迷人，而且数量之多可以与莫奈的睡莲、塞尚的圣维克多山相比。德加的芭蕾舞女，和莫奈的睡莲，塞尚的圣维克多山、苹果与橘子一样，是他作品中的“标签”。当我走到《舞蹈课》前，不禁想象自己已经成为画中的某个芭蕾女孩，穿着薄纱舞裙和粉色丝绸舞鞋，轻轻摇着折扇，优雅从容地站在钢琴边望着舞蹈老师，阳光射进巴黎大剧院的排练室……我闻到一阵香气，我知道巴黎有一束鲜花，绽放100多年，依旧惊艳绝伦。

（佚　名）

YISHU RENSHENG 艺术人生

德加最认真地思考了浮世绘大师的教诲，他也最了解他们的教诲。他不满足于从他们那儿借用某种题材的观念……如他人物形象的姿势，源于葛饰北斋洗染匠的烫衣女工，来自同一位艺术家“灵感中”的浴缸中的妇女等；他表现的大胆、构图的大胆、视点选择的大胆、透视的大胆也都得益于他们。

——贝尔纳·多里瓦尔

德加1834年生于巴黎的一个银行家的家庭，他的父亲是个音乐爱好者，良好的教育环境使德加在浓厚的艺术气氛中长大。1855年进入美术学校的德加在安格尔的弟子拉莫特的指导下学习绘画。他非常崇拜安格尔，当他在美术学院一年级的时候，通过他父亲的一个朋友的介绍，和安格尔见过一次面。德加和安格尔的见面十分有趣，当75岁高龄的艺术家答应收他为徒的时候，青年德加感到非常激动。他亦步亦趋地跟在安格尔后面走上楼梯，突然老人一个趔趄，德加后来激动地说：“我把安格尔抱在了怀里。”

埃德加·德加

德加比任何印象派画家都重视线条的运用，这得益于安格尔对他的教诲，德加只见过老人一面，但他留给他的话却使他终生难忘——“你要重视线条，要凭借记忆和写生练习线条，只有多画线条，你才能成为艺术家”。德加于是便依照安格尔的话去做，因此他对造型的把握能力在当时是独一无二的。德加曾自恃为学院派弟子，又受过安格尔的传授，所以认为官方沙龙肯定会接纳他的作品，但他的作品却出乎意料地成了落选的对象。于是，共同的命运使他与印象派的画家们走到了一起，但过了一段时间，他们发现彼此在创作风格上有着巨大差异，便在第二次沙龙的时候分开了。

1872 年至 1873 年，他和家人在美国新奥尔良小住。尔后，他努力发掘新的题材，用自然主义的手法描绘现代巴黎的生活。从赛马、芭蕾舞到歌剧，首都的众多活动均成为德加青睐的题材。他接受了印象派的某些精神，借助媒介表现瞬间斑斓的光色世界和色彩缤纷的织物。他的题材以人物画为主，除跑马场外很少进行外光写生，作品多数是根据素材和记忆在画室里完成的。他认为，只有从自然的束缚中解放出来，才能有创造性。他始终坚持严格的素描造型，从他的作品中可看出他扎实的功底。虽然个性独立，从不借鉴同行的技法，但他仍然积极参加了 8 次印象派画展中的 7 次。他在 1881 年的画展上展出了一幅石蜡雕塑作品：《14 岁的小舞女》。这是公众唯一一次见到德加的雕塑作品。

1890 年以后，他的绘画作品被女人世界主宰：画中的人物不是舞女就是时装模特或化妆品模特，同时也激发了他在 1895 年前后对摄影的爱好。画家死后，人们在他的画室里发现了许多为其油画和粉笔画准备模特的铸模，这些铸模主要以马、舞女和化妆品模特为题材。用这些模子浇铸的铜像数量极其有限。德加不但勤于绘画，并且善于吸收他人的长处来充实自己。他凭借对艺术的苛求和诚挚而走向成功之路，成为后人景仰的一代大师。

圣维克多山

保罗·塞尚(1839—1906)Paul Cezanne 法国

对于塞尚来说，作画不应该只是视觉行为，而应是思维行为。如果作画的行为只是为了观者的感觉，就不会对人类的心理做更深层的探索……在《圣维克多山》等作品中我们可以感受到这种思维行为和心理探索。

——美国著名艺术评论家　威廉·弗莱明

塞尚的出现是世界艺术史上的一件大事，他之前的画家总是以直接或是间接地描绘自然为第一要义。在他之后的画家则感受到"艺术之真实"的伟大力量。塞尚打乱了形、色、线条的窠臼，以突破对象重新组合的方式创作作品，建立了现代意义上的美学基础。

塞尚不是一般意义的画家，从他的《圣维克多山》我们可以看出，他用色彩创造了自然，实践了艺术家要在纯粹的艺术语言中创造第二真实的梦想，这种梦想延续了整个20世纪。

塞尚是立体派、表现主义、野兽派的先知，他的意义和功绩使其成为20世纪绘画的导师。《圣维克多山》是塞尚最具典型意义的作品。像莫奈晚年专注于睡莲一样，圣维克多山也是塞尚隐居于故乡附近的小镇之后，经年涉足的一座圣山。他为此山所画的肖像，有七八十幅之多。这幅《圣维克多山》气势庄严崇高，笔触拙朴有序，色彩冷峻森然，每一体块和结构造型都被处理得温润严谨，整个画面恰似一曲和谐恢弘的色彩交响乐。既有海明威式的硬朗，又有贾岛式的苦吟。

1904～1906年·65厘米×81厘米·美国费城美术馆藏

如果说用简单而单纯的素材，构筑一个内容丰富的殿宇是具有恒久艺术效果的话，那么在音乐上达到这种境界的是巴赫，而在绘画上则是塞尚。他们完全是不同时代、不同地域、不同领域的艺术家，然而他们都创造出了艺术生命力持久、外表平淡而含义深刻的作品。塞尚作为现代绘画之父而广为人们所知，而其作品的意义远比这个现代画开山祖师的位置更有其恒久意义，更有艺术的生命力。

KUANGSHI JIEZUO K旷世杰作

《圣维克多山》是塞尚最后的一幅描绘这座山的杰作，也是他艺术思想的集中体现。画中的景物漂浮在色彩之中，景物的远近关系、空间关系完全被几何形体所替代，如同一曲层次丰富而和谐的交响诗。我们看见，在一片没有人迹的广阔天地间，雄伟的大山似乎从明朗清澈的大气中升起。它那坚实的、凹凸起伏的身形映现在闪烁的光影之中。全画庄严、崇高，略带忧郁，反映了塞尚深沉的精神世界。

《圣维克多山》似乎是浮动在融化开的颜料中的一幅画，物体的细致变化都用笔触表现出来了，这是色彩的意识流。塞尚在把自己的感觉译成他所特有的光学语言时，就给了他所再现的自然以新的意义。他力图对简单或单纯的事物通过艺术和技术的处理而达到一种内涵丰润的东西，他的画的表面是平淡的，然而这些平淡恰巧为他提供复杂的构图和色彩配比创造了天地。

在这幅画中，每一个体块和造型都被处理得极为严谨，使人联想到他静物画中的一个个苹果的描绘。然而，塞尚风景画色彩的丰富多变，却是其静物画所难以比拟的。在这幅风景画中，他以朴实有序的笔触，表现出物像的细微色差。虽然画中颜色种类不多，但每一种色都有着丰富的色阶变化。那浓重而沉着的绿色，衬托出不同明度与纯度的土黄、土红和蓝色，使整个画面恰似一首和谐的色彩交响乐。同时，那无数的笔触被敏感而理性地放置在画面上，成为厚重而富于肌理变化的色块。笔触的种种走势、排列、连接、转换和交织，构成了空间，也产生结构，形成对比和谐的秩序。面对这幅画，我们可以感到色块、笔触、线条等抽象的视觉要素，从客观景物的图像中漂浮出来，在画中形成一种新的现实。而这种“新现实”的意味，正是塞尚绘画艺术的核心。

JINGDIAN SHANGXI J经典赏析

塞尚与他的启示录

自印象画派于 1874 年第一次公开亮相以来，在巴黎所引起的一次又一次的轩然大波已成为绘画史上最引人注目的重大事件。虽说印象派在视觉方式上改变了许多，革新了绘画的本质。在 100 年的时间中，印象派画家使自己的视觉经验变成观众的视觉经验，并使之拥有了庞大的观众群。然而印象派画家们旗帜鲜明地反对传统艺术，但最终未能跳出传统艺术的窠臼，也就是说，印象派同包括学院派在内的整个传统艺术的目标是一致的；不过在他们之中，只有一个人真正超越了印象派，并突破了这一“传统艺术的目标”，这就是那位印象派之后被誉为现代艺术之父的伟大画家塞尚。

塞尚从不认为绘画的任何常规法则是天经地义和神圣不可侵犯的，他只依赖他周围的自然事物、眼睛和头脑，即用眼睛观察自然，用大脑真实表现自然的方法和手段。从他晚年所作的《圣维克多山》就可以看出，他只用一些简单的几何形体一一记录下他所观察到的房屋、树木和山丘。虽说他临摹印象派画家作品但从不盲目接受任何一种艺术传统、一种艺术风格或一种创作方法，所以他是在创作自己的艺术。他自己对自然的认识和理解，即便被历代艺术大师奉为“再现自然”的法宝的透视方法，他也断然弃之。塞尚发觉透视画法不能胜任“再现”自然真实的任务，它所给人的只是一种空间的幻觉，塞尚不仅像渴望强烈色彩那样渴望明晰的构图，还希望在摒弃透视画法的同时赋予所描绘对象以立体的效果。塞尚抛弃了观察自然的传统方式，不再从某个固定角度而是从不同角度来研究眼前的自然景象。因为他觉得眼睛在观看事物时，从来都不是固定于某一个点的。在塞尚的笔下，沐浴在阳光之中的圣维克多山不仅体现出一目了然的构图，而且还表现了强烈的立体效果，但是这些显然不是用传统的透视画法所能完成的。

塞尚一直认为人的感觉生来就是混乱的，但是他坚信“一个艺术家通过全神贯注的‘探索研究’应该有能力使这种混乱变得有条不紊，而艺术的本质就是使人们在视觉领域内获得这样一种秩序。”塞尚认为，“艺术是在与自然的接触中得以发展和实施的理论；要运用‘圆柱体、球体、圆锥体以及任何视点适当的形体’来处理自然，这样某物体的每一个面都朝向中心点”。为了不使他的母题的实现过于抽象化，他以极大的耐心，来对《圣维克多山》的整个画面进行“调制”，这是用某种综合的统一性调和多样性的过程，通过调制各色域之间变得相互适应与和谐。结果就是我们在这幅《圣维克多山》作品中所看到的：打破色域的平面效果而产生一种具有各种独立色面的马赛克效果。

在塞尚的这幅名作《圣维克多山》中，我们很难看到合乎传统的技法，比如规范的透视，比如事物完整而清晰的轮廓，比如光线所表现出的事物逼真的质感，画家着力表现的“并非仅仅是岩石、野草，而是野草和岩石、树木和阴影、树叶和云彩之间的关系。”塞尚笔下的《圣维克多山》没有风，没有光影，因此既不生动，也不抒情，但它却是坚实而稳定的。画中的每个部分都是重新加以安排过的，使其相互补充，形成一个简洁严密，条理分明的结构。我们唯一能分享到的就是塞尚对一株树或一根树枝的位置、圣维克多山最终的形状和山前树木的狐疑不定。

塞尚在他的《圣维克多山》中，所

寻找的就是真实，即绘画的真实。由于他逐渐感到，他的源泉必须是自然、人和他生活在其中的那个世界的事物，而不是昔日的故事和神话。他希望，把这些源泉里出来的东西转换成绘画的新真实。

塞尚的成熟见解是以他的方式经过了长期痛苦思考和实践之后才达到的。在他的后期生活中，用语言怎么也讲不清楚这种理论见解。他的成功也许更多的是通过在画布上的发现，通过在画上所画的大自然的片断取得的，而不是靠在博物馆里所做的研究。

（佚　名）

YISHU RENSHENG 艺术人生

塞尚提出了一个时代权威的理论，让我们这个时代引用和推崇。

——原法国文化部长　伯勒济

后期印象派的代表人物保尔·塞尚于1839年出生于离马赛不远的埃克斯，从小就喜欢绘画，有一次，他的绘画在学校得了二等奖。他父亲并没有感到高兴，他希望儿子做一个能赚到钱的律师，起码也要做个商人。因此他把塞尚送进法律学校，但是塞尚不愿当律师，他又迫使儿子到银行里站柜台，算账，付钱，而这一切努力都是白费心机。

爱弥儿·左拉从儿时起就是他不离不弃的挚友，后来认识许多印象派画家都是得益于他的举荐。法国南部的景色非常美丽，塞尚得到南方丰沛雨水和充足阳光的滋润，在美好的自然环境中成长。23岁时他随父亲来到了巴黎，进了巴黎的研究所，而且一有空就到卢浮宫去，观察以往大师的作品。

塞尚从未跟随任何老师做系统的学习，一次在认识了马奈、毕沙罗等朋友后，他听从他们的劝告，参考美术馆的资料进行自习。最初，塞尚的画还是灰暗的，不过逐渐凝结在他血液中的阳光因素发生了作用——画面也变得明朗起来。马奈待他如同兄弟一样，他也经常参加伯尔盖瓦咖啡馆的活动，俨然是“马奈帮”的一员。

保罗·塞尚

《缢死者之屋》可以说是塞尚自我

风格形成的起点。作品中明快的色彩，短小的笔触，淳朴而风和的自然观，明显是受毕沙罗等印象派画家的影响。但却没有多少印象派画家中常有对的外光的重视，色彩之分解也并不显特色，似乎是在依照浪漫派原则而排布色彩和构图。

1877年前后，塞尚应毕沙罗的邀请，住在翁富勒地区，两人一同去野外写生，在外光中画风景。这时塞尚的画中明显可以看出毕沙罗的影响，画面涂得非常厚。不久，塞尚突然变得福至心灵起来，画出了许多令人愉快的流利的画来。他吸取印象派的外光手法，加以尽心的研究，但似乎又不能把他同当时的印象派联立起来，因为"光"之外，塞尚并没有忘记"物"。在他的风景画中，树木苍劲有力，小路沉着稳重；人物的形体包围在浓厚的质感中，宛如浮雕一般；人物画中的人体也有着真实丰厚的肉感。塞尚不独对印象派"光"的手法加以采用，更在色彩一道下了工夫，光影的辉耀流离也画得极为出色，创作了具有非常华美而又调和色彩的画。

塞尚27岁把第一幅画送交巴黎沙龙时，评选委员会认为他的作品有损艺术的尊严，甚至他最亲密的朋友左拉，竟将他当做失败的典型写进小说，这使他十分愤怒，于是他决计离开巴黎。这种不幸景况竟伴随他的一生，他被称为艺术上的危险人物，公共场所也将他排斥在外。即便在这样的艰难困苦之下，塞尚隐忍着异于常人的误解，发奋地投入到创作中去，再也没有停止自己喜爱的创作。

1897年，塞尚返回故乡，过着隐士一样的生活。整天不是出去写生，就是坐在画室里对着静物观察、沉思，很少与外界联系。他耐心而热烈地追求实在的、持久的、永恒的事物，潜心研究事物的内在生命和内在结构、形与色的结合。他每下一笔都要再三考虑，双手颤抖着，一直要颤抖到终于下笔为止。但是，他的努力仍然不被社会重视，他的画一张也卖不掉。甚至他把一幅画送给一个熟人，自己竟预先胆怯地说："当然，我不是要你把画带回家去。"多么凄然！塞尚终生不好交际，不太喜欢应酬，除和双亲、妹妹、亲属之外，只和很少的友人来往。故乡的小镇上谁也不知道这个古板的乡巴佬日后会成为举世闻名的大画家，有时镇上的孩子们还喜欢在他身上搞些恶作剧：向他投掷石块，把他的画稿偷走，然后躲在远处看着他吃惊而可笑的样子。

1906年9月的一天，塞尚在雨中画一幅风景画时，突然昏倒在地，路过的洒水车把他送回了家。此后他一直卧病在床，不久这位伟大的艺术家在他即将为社会所承认的时候去世了。然而他的创作给予后人以极大的影响，今天的所有画家中，几乎没有不得益于他的艺术的。

日出·印象

克洛德·莫奈(1840—1926)Claude Monet 法国

《日出·印象》再现强烈的大气反光中形成的表面的色彩。这种对绘画语言本身的探索必定会为后世画家们所接受。

——法国印象派画家 毕沙罗

如果要挑选一名印象主义画家的代表作，大约百分之百的人要投莫奈的票，不论是专家还是大众，都会觉得他最鲜明地体现出印象主义绘画的基本特点。克洛德·莫奈的名字与印象派的历史密切相连，他对这一艺术环境的形成和他描绘现实的新手法，比其他任何人的贡献都多。这一点是毋庸置疑的，印象派的创始人虽说是马奈，但真正使其发扬光大的却是莫奈，因为他对光影之于风景的变化的描绘，已到走火入魔的境地。他对光色的专注远远超越物体的形象，使得物体在画布上的表现消失在光色之中。他让世人重新体悟到光与自然的结构，他的作品所散发出的光线、色彩、运动和充沛的活力，取代了以往绘画中僵死的构图和不敢有丝毫创新的传统主义。

“印象派”在大众的心目中几乎代表了整个欧洲19世纪末期的艺术潮流。印象主义包罗了美术、文学、音乐等多种门类的艺术。而“印象派”一词最初就来源于莫奈的名作《日出·印象》。当时画坛上的主流派所画的内容多半是宗教、历史或神话方面的题材，以咖啡色调为主，重视精细描绘，像莫奈这样的画法，是被视为“不入流”的。但是，这张画后来却几乎可说是印象派“开山立派”的代表作之一。

1872年·50.5厘米×60厘米·巴黎马尔莫丹艺术陈列馆藏

而作为"印象派"最伟大画家的莫奈,终其一生对阳光下的自然静物进行了详尽的研究,他是一位真正的印象主义者。他笔下那接天映日的白杨、逆光的草垛、变幻莫测的教堂、梦幻般的睡莲……这一切,形成了周而复始、延续不断的大自然。斗转星移,时光流逝,永恒不变的只有画家笔下那些美妙的形象。

KUANGSHI JIEZUO 旷世杰作

1874年一群青年叛逆者在巴黎举行了一个画展,展出的作品着色怪异,下笔粗放,以简朴的日常生活为题材,不随时尚绘画端严人像和宏伟的历史场面。画展迅即成为巴黎街谈巷议的话题。其中莫奈所绘的一小幅海景《日出·印象》受争议最多。在这幅画中莫奈描绘了法国勒阿弗尔港口一个多雾早晨的景象:海水被晨曦染成淡紫色,天空被各种色块晕染成微红,水的波浪由厚薄、长短不一的笔触绘就,3只摇曳的小船在薄涂的色点中显得朦胧模糊,船上人影依稀可辨,远处的工厂烟囱,大船上的吊车等若隐若现。画家把从一个窗口上看到的这一印象收入画布上。如此大胆地用零乱的笔触来展示雾气交融的景象,是史无前例的,这幅作品无意中成就了一个伟大流派最初的声名。一位艺术评论家对他们的画风无法忍受,借这件作品的"印象"两字大加嘲讽。这件事上了报纸,于是这些画家就被称为"印象主义者",而他们的画风,便称为"印象派",开始了19世纪下半叶美术史上光影颤动的一页。

在这幅画中,传统的规范彻底消失了。一种新的观念和新的画法出现了。以往的画家创作风景画时,大多借助习作和草图,在画室里安安静静地描绘、推敲,再描绘、再推敲,最终才完成一幅作品。这样创作出的风景画,大体而言,侧重形态、体积、空间、质感的传达,反映了自然景色比较固定的因素。在《日出·印象》中,莫奈一改旧风,用面对实景直接运笔作画的方式完成了这幅作品,从而打破了习作和完整作品的分界。这么做,就得极快地画,谁都知道,瞬间的光色是不等人的,不快画,随着太阳的移位,一切都要改变。于是,莫奈用"大写意"的方式,飞速在画布上摆上不怎么调和的色彩笔触。这些概括性很强的笔触,看似逸笔草草,实则惊人准确地再见了清晨日出时海港的气氛,仿佛能让人嗅到海上新鲜的空气。莫奈深通暗示的作用,寥寥数笔,红日悬而在空中了,倒影落入水中了,小船浮在水面了,船上人立在船里了。像擦画笔那样抹在海上的零乱笔触,也使水波轻轻荡漾起来,画上的一切都是那么到位,那么真实,那么生动。

这种无比清新的效果,与色彩观的改变有关。莫奈不再用固有的观念去认识和表现对象。对莫奈来说,树不是一味的绿,在特定的光线和环境中,它可以是橘红色;雪也不是纯白的,随着条件的变化,它会带有蓝的、红的、黄的意味。正是由于极准确地捉住了不同时间、不同季节、不同光线下细微的色彩差别,莫奈才能像"摄影师”那样留住日出时美妙的一瞬间。

经典赏析 JINGDIAN SHANGXI

我眼中的《日出·印象》

我喜欢它的色彩。

鲜活的，亮丽的，没有死寂的感觉。但一切又是模糊的、朦胧的，就像黎明到来前的混沌。我曾在外滩看过日出，记得那时太阳还未露脸，整个天空一片灰蒙蒙，江水泛着微浪，一片浑浊。期待着，等待着，太阳看似缓慢地爬上来，缓慢地再高一点，可那片灰蒙蒙和混沌却似乎是刹那间烟消云散，整个人还没缓过神来，天已经亮成了白昼，在恍惚中，记忆里犹存那一刻太阳升起的光景。我想到了莫奈在法国西北部勒阿弗尔港口的那个早晨，那个日出，是从前没有过，今后也不会出现的，只可能有相似的，不会再有相同的了。那一天，当莫奈站在另一边的岸上，展开画布，握着调色板和油画笔，像我一样期待着，等待着。我好奇，莫奈是怎么作画的？是一边看日出一边调色作画吗？会不会手忙脚乱？还是始终出神地看着太阳升起，然后闭起双眼，用心感受，一气呵成？……

我并不知道，而且可能永远不知道。

但是，我知道，时间在我的眼睛里流逝了，而莫奈的目光锁住了时间。日出留给了我一个模糊不清的印象，而莫奈的画布上清晰呈现了日出的色彩，即使是画面上最暗的阴影也有色彩的舞动。

穿日本服饰的姑娘

我喜欢它的真实。莫奈在稍纵即逝的瞬间把大自然封存在记忆的印象中，完整的，真实的。我想，也许只有当真正理解大自然，真正融入到大自然的怀抱中，大自然才会在心中留下深刻的印迹吧。莫奈应该是这样一个人吧，大自然的聆听者，大自然的观察者。莫奈自己曾说过：我像小鸟鸣啭一样作画。是的，像小鸟一样在大自然的上空自由地盘旋、飞翔，在林间歌唱，在水边嬉戏，梳理羽毛。对于莫奈而言，也许没有比露天作画更开心的时刻了。

寻找真实，是一个过程。大自然里有太多的真实等待着人们去发现，去感应。莫奈选择了光，光始终是他画中的主角。自然界的颜色不是单一的，不是孤独的，它们的色彩随着亮光度的大小而时刻变化着。莫奈的画面最吸引人的便是绚丽的色彩和颤动的阳光感。他给予凝固在画布上的瞬间一次新的生命，让画面在静止的状态下也有时间的流动感。

我喜欢水。莫奈的很多画都和水分不开，除了《日出·印象》，在《阿让特伊的帆船赛》、《睡莲》等很多画中都可以看到水的踪影。他画中的水总能撩动人的心弦。

睡 莲

在《日出·印象》中，海水泛出的天色带着水的柔美，带着水的动感，还能感觉到风的存在。天空的每一道色彩都被海水拉伸，弯曲，折断，海水就像一面哈哈镜映着天空。红日一旦掉进了海水，也变成了一片炫目的色彩。这种感觉显得真实和亲切。

我想，莫奈应该有一颗似水的心吧。安静的时候像水那样的深远，涌动起来却又能掀起整个世界。

我喜欢他的坚持。莫奈有自己的坚持，坚持露天作画，坚持光与色的融合，坚持捕捉一瞬即逝的美丽自然，坚持走印象派之路……

这就是莫奈的人生，坚持。

命运也曾戏弄过莫奈，面对过被误解、被歪曲的危险，他爱的人过早的逝去，经济上潦倒的窘迫，还有几乎毁了他视力的白内障……他以同样坚持的精神应付每一次出现在生命中的逆境。热爱生命，热爱生活，热爱艺术赋予了莫奈一双善于观察，善于捕捉的眼睛。他又用双手把眼中的景象描绘在画布上，大自然的真实和他的思想、情感，追求合二为一。

（佚 名）

YISHU RENSHENG 艺术人生

“印象派之父”莫奈 1840 年生于巴黎，童年在阿佛尔度过。他没有按照画家的常路走，而是以画漫画起家，在画漫画方面有了一些名声，并受到欧·布丹的注意。布丹曾对莫奈说：“当场画下的任何东西，总是有一种以后在画室里所不可能取得的力量、真实感和笔法的生动性。”莫奈在他以后的绘画生涯中也是按布丹说的话去做的，因为在他的内心里充满了对大自然的热爱。

不久，莫奈又被荷兰的画家约翰·巴托尔·德·琼康的创作所吸引。这位画家以动荡、兴奋、活泼而且比他同时代的法国人更为活跃的笔触画小桥、村景、河岸和破旧的茅草屋。

莫奈就是从布丹和琼康那里接受到了基本艺术修养的。

1859年，莫奈来到巴黎，结识了3位志同道合的好朋友——雷诺阿、西斯莱和巴齐尔。以莫奈为首，他们常常一起到枫丹白露的森林去写生。后来外光派即印象派的产生，便是他们共同努力的结果。

克洛德·莫奈

莫奈的作品以风景为主，但他的两幅极具特色的巨幅肖像画《绿衣女人》和《穿和服的女人》都是以一位名叫卡缪的女子为模特儿的。卡缪是莫奈的爱妻，也是他最钟情的模特儿。1866年，莫奈与19岁的卡缪相爱并生活在一起，但他的父亲却反对他们的结合，并断绝了对他的经济支援，使得莫奈的生活一度陷入山穷水尽的境界。生活的窘迫并没有拆散这对有情人，反而激发了艺术家的激情。同年，莫奈完成了以卡缪为主角的《绿衣女人》，这幅用短短4天时间一气呵成的作品，使莫奈入选了1866年的沙龙展，并受到好评。直到1870年莫奈30岁时，他才获得父亲的同意与卡缪正式结婚，那时他们的长子约翰已经出世了。在1875年的画作《撑阳伞的女人》中，卡缪和儿子约翰一起登场，在仰视的角度下，她半侧着身的姿态显得格外生动感人。阳光闪烁在她白色的衣裙和脚下的草地上，而她面庞边轻轻飘起的白纱和转动的裙摆显示出风的抚弄。

1878年，是莫奈生命中格外阴暗灰冷的一年，他的赞助商奥德西破产了，画家一家人因生活困窘而离开了巴黎。次年，莫奈变得更加困窘沮丧，以致无法参加第四届印象派画展。这一年的9月，卡缪因患癌症过早地离开了人世。直到1880年，莫奈才首次享受到快乐而富裕的生活。他带着两个小男孩，和有6个儿女的寡妇霍施黛组织了新家庭。全家10口人，同住在巴黎市外75公里的席芬尼一幢盖得不整齐，有灰色百叶窗的农舍里，草地上有一条逶迤的小溪蜿蜒流过，花园旁有条单线铁路，每天有4班火车往来。席芬尼是莫奈的人间乐土，前后43年；他喜爱这个地方，以它入画，并在这里终老。莫奈最喜欢画水。他搬到席芬尼后不久，就引溪水筑池，在池里种了黄、红、蓝、白和玫瑰色的睡莲。他对这些花的爱好与日俱增，前后将近30年，屡画不厌，并且越画越大越抽象。在他晚年所绘的巨幅油画前，观者会有悬身于怪异水世界上空的感觉，看着白云的倒影在睡莲巨叶间的水面滑过。莫奈晚年最得力的朋友，是第一次世界大战时的法国总理克里孟梭。有一天莫奈对克里孟梭说，他想造一间陈列室，四壁满挂巨幅睡莲画，好让人在这炮火连天的世界里，有个可以静思的地方。克里孟梭鼓励他进行这项计划。可是莫奈的目力日渐衰退，常因力不从心而愤怒地把画布割破，并曾有一两次说要放弃这个计划。忙得不可开交的总理听了，便从内阁办公室赶往席芬尼劝这位老人不要气馁。“画吧，画吧，不管你自己知道不知道，会有不朽之作的。”克里孟梭没有说错。莫奈为纪念第一次世界大战休战而作的，在巴黎橙园陈列的《睡莲补壁》油画，被公认为莫奈最超卓的作品。

莫奈接受白内障手术后，目力颇有进步，因此得以在暮年继续作画。1926 年，86 岁高龄的莫奈去世了，他的一生之中对光之美作了极致的描绘，那是超越了世俗的光与色的层次、升华至空灵境界的生命之光，它脱离了肉体和精神的樊篱而永恒自在地流动着。

伏尔加河上的纤夫

伊利亚·叶菲莫维奇·列宾

(1844—1930) Ilya Yafimovich Repin 俄罗斯

请您看看列宾画的《伏尔加河上的纤夫》吧，您不得不承认我们还没有敢于选取这样的主题，并且您也从未见过如此深刻、震撼人心地描写俄罗斯人民生活的油画。

——俄国绘画评论家　斯塔索夫

19世纪下半叶，俄国写实主义绘画获得了充分发展，在受民主主义思潮影响的巡回展览画派里，能找到它的一批卓越代表。别洛夫、克拉姆斯柯依、希什金、苏里柯夫等都是其中的佼佼者，而最著名的还要属伊利亚·叶菲莫维奇·列宾。

列宾是19世纪后期的俄国批判现实主义绘画主要的代表之一，他创作过许多风俗画、历史画和肖像画，《伏尔加河上的纤夫》是列宾的成名之作。这部作品曾经令世界美术界震撼，是一幅在俄罗斯绘画史上具有进步革新式意义的里程碑式作品，这部作品标志着巡回展览画派的杰出成就，它奠定了俄国19世纪绘画在世界美术史上的地位。1873年，这幅画在维也纳世界艺术博览会上展出时赢得了极高的声誉。列宾的老师斯塔索夫把列宾同果戈理相提并论地加以褒扬，称他是最出色的、最强有力的艺术家和思想家。

1870～1873年·131.5厘米×281厘米·俄罗斯圣彼得堡博物馆藏

画面上的纤夫共11人，分为3组，每个形象都来自于写生，他们的年龄、性格、经历、体力、精神气质各不相同，画家对此都予以充分体现，统一在主题之中。全画以淡绿、淡紫、暗棕色描绘头上的天空，使气氛显得惨淡，加强了全画的悲剧性。饱受繁重劳动折磨的纤夫个性鲜明，充满艺术的美感。作品揭露了黑暗的旧社会对劳动人民的剥削，展示了人民中蕴藏的反抗精神和力量。列宾以自己的作品表达了对旧世界的痛恨和对新生活的向往和热爱。

看列宾的这幅《伏尔加河上的纤夫》就像在读文学名篇，或者是历史教科书，人们端详着画面，品味着其中的内涵。俄罗斯美术史上辉煌的一页已经过去100多年了，但是列宾创造出来的这些高举批判现实主义旗帜、充满时代精神和不朽感染力的作品，在今天仍然给人以启迪、震撼和美的享受。

KUANGSHI JIEZUO 旷世杰作

油画《伏尔加河上的纤夫》画的是在炎热的夏天，一群衣着破烂不堪的纤夫迈着沉重而疲惫的步伐拖着货船，艰难地行走在伏尔加河畔的沙滩上。画中的11名纤夫被列宾表现得栩栩如生。领头的纤夫是个肩膀宽阔的老头儿。他包着头巾，衣服上打着补丁，眼睛漠然地望着前方，似乎在说，路还长着哩！老头儿的右边是一个头发胡须都很浓密的中年人。他身体健壮，显得很有力气。紧跟在他们后面的是个高个子，还保留着农民的打扮。他直着身子，无精打采地衔着烟斗，好像已经厌倦了拉纤的生活。高个子旁边是个肌肉结实的小伙子，他使着蛮劲向前拉，往上凝视的目光充满了诅咒和抗议。在这一群人中有个穿着红上衣的少年，从年龄和肤色都可以看出，他拉纤的日子还不久，还不习惯这种沉重的劳动。他拉了一下把他的肩膀勒得发疼的纤绳，好像要摆脱这种与他的年龄很不相称的重荷。少年右面的老头儿好像身患疾病，他那微微张开的嘴唇和无精打采的目光，显得又虚弱又疲惫。他正在用袖子拭额上的汗珠。一个皮肤黝黑的汉子在少年后面，只露出半边脸。他用同情的目光看着前面白皙的少年和秃顶的老头儿。后面是个退伍不久的士兵，还穿着官家发给他的皮靴。士兵后面是个高个子，他转过脸去，愤怒地朝货船上望，一定是货船的老板在咒骂他们，驱赶他们。走在最后的是一个神态沮丧的老头儿，他低着头，无可奈何地拖着沉重的步子，拼着命拉纤绳往前迈步。

《伏尔加河上的纤夫》是100多年前的作品，但是列宾笔下的人物仍然活着。河滩上的11个男人，衣衫褴褛。他们一直在坚守着自己的阵地，连表情与动作都没有任何改变。每望他们一眼，都让人感觉到他们的苦役永远无法完结。河滩上的11个男人，老弱病残，他们的表情或者悲哀或者倔强，或者试图反抗或者屈从命运。他们是天地的囚徒，束缚在胸前与肩头的纤绳，是难以挣脱的锁链。他们使出所有的力气，步履蹒跚地拉扯着逆流而上的帆船，仿佛在牵引着苦难的俄罗斯缓慢地前进。在这幅画中，充满了贫穷、饥饿和辛酸的影子，似一个古老民族挣扎、抗衡的身影，每一个从画旁经过的人似乎都忍不住去倾听画中传达的震撼。

列宾和他的《伏尔加河上的纤夫》

我无数次揣摩这幅作品(《伏尔加河上的纤夫》),至今还记得每一个细节。好的绘画作品都在讲故事,你会从中读到历史、社会状态和精神意志。

——中国美术评论家　古　月

懵懂的我曾被列宾的油画《伏尔加河上的纤夫》所感染,对画中的纤夫产生了深深的同情。我已无法在记忆中细致地复原那幅油画的所有色彩,我看见的全是苍老的黄色,不仅浑黄,而且黄得近于褐,近于黑。这色彩,不仅是伏尔加河的颜色,也是那河岸和河岸上前行的纤夫的皮肤和灵魂的颜色。我知道我此刻看见的这色彩与那油画不符,但这仅仅是从眼睛的视觉角度来看才是这样,如果从心灵的视觉角度来看,我无疑是极其准确地看见了《伏尔加河上的纤夫》这幅油画的真正色彩。现今已过多年,当我再次读这幅油画的时候,在心灵震撼的同时,又引起了无尽的思考。

列宾创作《伏尔加河上的纤夫》时,还只是美术学院年轻的毕业生,去伏尔加河流域体验生活,纤夫们苦难的命运使他产生了创作冲动,于是从1870年到1873年用3年时间完成了这幅作品。100多年过去了,画家早已逝去,人类的交通也已进入喷气式飞机和远洋巨轮的时代,但列宾笔下的人物依旧活着,那艘只有一根桅杆的帆船依旧静静地停泊在画布上。河滩上11个衣衫褴褛的男人,堪称是最后的纤夫了,他们一直在坚守着自己的阵地,连表情与动作都没有任何改变。

11个男人,对命运的严酷安排,或低眉顺眼以示驯服,或无可奈何地哀叹,或流露出反抗的神态。这是耻辱者的群像。他们是时间的囚徒,束缚在胸前与肩头的纤绳,是难以挣脱的锁链。他们使出吃奶的力气,步履蹒跚地拉扯着逆流而上的帆船,帆船的桅杆顶端有一个醒目的标志:俄罗斯的三色旗。正是这一群帝国的奴隶,在牵引着苦难的俄罗斯缓慢地前进。纤夫们以后的历程,将会更为艰辛、更为复杂,只是画面已无法表现了。我只能想象:纤夫们会跌倒——然后爬起,会昏迷——然后醒来,会绝望——然后又重新燃起希望。谁让他们是纤夫呢,这是无法辜负的沉重的使命。在这幅画的色调里,充满了贫穷、饥饿和辛酸的影子,这是一个古老民族挣扎、抗争的身影,直至今天,仍然富有教育意义。

列宾是仁慈的,对祖国的劳动者充满无尽的怜悯与爱,并耐心地刻画出他们衣襟的每一块补丁,而这幅画本身,就是俄罗斯记忆里的一块补丁和伤口;列宾又是残酷的,让这11个性格迥异的男人永远停留在原地,像推动石块上山的神话形象西西弗斯一样,进行着没完没了的苦役。一幅《伏尔加河上的纤夫》,成千上万的读画者从中赢得了思考,汲取了力量。

(佚　名)

伊利亚·叶菲莫维奇·列宾

1844年8月5日，俄罗斯的土地上又诞生了一位巨人——列宾。他出生在哈尔科夫楚古业夫县的一个军人家庭，父亲是沙皇军队中成千上万士兵中的一员。列宾一家主要靠母亲给人家缝缝补补，在有钱人家帮佣来维持全家的生活。从列宾记事起，饥饿总是伴随着他的记忆，忍饥挨饿是常有的事。尽管日子过得很是清苦，年幼的列宾却从绘画中获得了无尽的乐趣——从在一个流浪天涯的画匠那里接触到画画起，列宾的一生就和这个难以割舍的朋友紧紧地联系在一起。

列宾很早就在画铺里做小工，有时也画圣像、肖像等世俗的作品赚钱补贴家用。虽然没有受过正式的艺术理论教育和绘画的基础训练，但这个贫寒而聪颖的少年却好像洞悉一切那个世界的学识，他画出的人物花鸟有着一种难能可贵的自然的生气，是许多科班出身的画家都无法比拟的。后来，他进了一所军事地形测绘学校上学，这时画家布纳可夫无意间发现了列宾的才华，破例收列宾做了短期的弟子。不久，师徒分别，临行前布纳可夫再三叮嘱列宾一定不要放弃绘画，一定要进行系统的学习。列宾在离开老师后反复思忖，决定前往彼得堡学习绘画。

1863年，20岁的列宾到了彼得堡，迎接他的是举目无亲、行囊羞涩的窘况，列宾没有被艰难吓倒，他顽强地在人际茫茫的大城市生活了下来。不久他进了彼得堡绘画学校，彼得堡绘画学校是一所补习学校，不过在这里他有幸接受了著名画家克拉姆斯柯依和杰出的理论家斯塔索夫的教育。后来列宾转入美术学院学习，这是他奠定自己一生立足现实、关注社会的进步美学观的重要时期。在学院里列宾考了第一名的成绩。在同学的帮助下，他认识了功勋卓著又十分怜惜人才的普良尼什尼科夫将军，这为他解决了学费难题，他成为美术学院的插班旁听生，一年之后即转入正式生。列宾在美术学院表现出异于常人的勤奋，毕业时因创作《睚鲁的女儿复活》而获得金质奖章。1873～1876年作为美术学院的支领津贴者，他前往意大利、法国巴黎留学。当时的法国正值印象派兴起，印象派的画法不合他的口味，倒是伦勃朗、委拉斯开兹、米开朗基罗等大师的创作引起他极大的兴趣，因此在旅居外国期间，他并没有创作出多少具有代表性的作品。

从19世纪70年代起列宾就成长为一位坚定的民主主义艺术家。吃着黑面包，喝扁豆汤长大的他深切地知道劳动民众无尽的苦难和期望。虽然出身学院，他却是反对保守僵化的歌功颂德式艺术的积极鼓吹者，甚至认为庄稼汉才是艺术的真正鉴定人，因此艺术家应必须表现那些和他们有切身利益的东西。即便现在看来，这样的想法也是十分激烈的，当时社会的反响便更可想而知了。

1869年夏天的一个早晨，26岁的列宾到涅瓦河边写生。各色红男绿女、骏马香车没有吸引画家的视线，而在河滩远方地平线上流动着的一片带状的黑影唤起了列宾的注意。这群衣衫破烂、满身泥垢的人，拖着一条沉重的破船，像畜生一样吃力地蠕动着。画家面对成群的贵族男女和“畜生”般的纤夫，唤起了对自己20余年生活的追忆，于是把它画了下来，作为对这个不公的社会的永久怀疑。

1876年，列宾经常在国内外做长期旅行，这是他创作生涯中获得极高荣誉的时期，他的创作是与俄罗斯巡回展览画派紧密相连的。他的作品充满了与封建政权斗争的“火药味”，旗帜鲜明地表现了民主主义社会观。列宾把大量的精力与时间投入在反映革命者与沙皇政权的斗争中，在他笔下我们能够敏锐地觉察出画家澎湃的革命热情，真正地认识到革命是那个时代、那个民族所从事的最伟大的事业。

列宾也是一位优秀的艺术理论家、教育家，虽然在十月革命后定居芬兰，仍对俄罗斯怀着深厚的感情。他回忆自己一生的艺术道路时深情地说：“祖国给了我梦想，并鼓励我将梦想编成花冠戴在她的头上。”1930年，列宾逝世于库奥卡罗庄园（现在更名为列宾诺），彼得堡艺术学院为了纪念这位伟大的民族艺术家也从此改称“列宾美术学院”。

梦

亨利·卢梭(1844—1910)Henri Rousseau 法国

卢梭要表现的是人类与大自然的和谐与统一。这幅作品展示了幻想中的原始森林,满布着奇花异木。在这人迹罕见的原始丛林中,一位裸体女人躺在不可思议的华丽沙发上,而在画面中间的一个皮肤黝黑的男人吹起长笛。这不是真实的存在,它是一个怪异的梦境,表露了画家天真的想象力。

——法国作家　约瑟夫·凯塞尔

亨利·卢梭被誉为20世纪朴素画派之父,缘自于他独树一帜的绘画风格,扑朔迷离的艺术表现,不含一点巧合,这个单纯、原始的创作意念,却是20世纪现代艺术所崇尚的。卢梭热衷于创造一个幻想的世界,他的艺术很难归到哪一派,但他的画法属超现实主义。他似乎总是生活在一个梦幻的世界,这种与生俱来的爱幻想的天真性格,在他的日常生活中也充满天真烂漫,他的画具有原始童话般的魅力。《梦》是卢梭逝世那年绘制的伟大作品,也成了他的绝笔之作,也是这位从事海关税收职业的"星期天画家"的巅峰之作。对创作现象喜欢归类的评论家们,把这位开创一代画风的巴黎都市画家归入"原始主义"的行列。任何时期,都有一些人,纯粹因为喜好而作画,他们不理会各种绘画的规范,也不随着观众的审美价值观而投其所好,完全依照个人的想象和意念来作画,这一类画家,被称为素人画家或朴素画派。而卢梭则被推崇为"20世纪朴素"之父。

1910年·204.5厘米×298.5厘米·美国纽约现代美术馆藏

从《梦》问世的那一天起,迄今已

有近百年的光景，这幅作品一直以诗意般的神秘感震着撼人心，构成神秘感的所有要素毫无疑问都源于卢梭的梦境。可以想象，1910 年的某一天，当卢梭在巴黎佩列尔街 2 号寓所将自己的梦境再现到画布上的时候，画家的想象一定被燃烧着的激情和某种不可遏制的动力所激发。时至今日，每当我们用眼光触摸这个“梦”的时候，仍然能被这股神秘的激情所感染，而且不由得心中升起另一种激情，想探求这神秘的意义。卢梭的作品确实不同凡响，它使不同时代的观赏者从其画幅中感受到令人惊诧的纯真、稚拙、神秘，还有一种似乎永不被时间侵蚀的诗意。

K 旷世杰作 KUANGSHI JIEZUO

《梦》具有一定的表现主义成分，因为画上集中的事物：处女地、狮子、漂亮的禽鸟、可怕的美国野牛、惨淡的孤月、黑皮肤的吹笛手以及畸形的裸女等表露了画家的童稚般的想象力。由于它妙趣横生，从而受到许多人的赞赏。一位评论家风趣地说：“他的天才胜过了天真，他应被奉为 20 世纪艺术的开拓者。”

这幅伟大而充满奇幻色彩的作品《梦》最富抒情味，也最富色彩的装饰意味，此画后来成了卢梭风格的艺术典型。《梦》展现的是一种幻想中的原始森林，说它是原始森林，是指画面上那些奇怪的兽类，少见的热带植物，除了阔叶丛林以外，还有美丽的兰花、热带所见的水果等。这是一个未有人迹的原始丛林，可是在这样不可想象的环境里，有一个裸体女人横卧在一张不可思议的华丽沙发中。中间一个皮肤黝黑的人，在面对观众的方向吹起他的长笛，一头狮子在树丛里向外窥探着。这一切不是真实的存在，时令和环境都是违反常理的。它是一个梦境，一个画家头脑中的怪异的梦境。

在这幅作品中，卢梭让自己心目中的初恋情人躺在维多利亚式的沙发上，置身于他的梦幻森林之中，陷入深深地迷惑和怪诞，以至于连评论家也不知所措。艺术评论家阿波利内尔曾为画家亨利·卢梭这幅名作谱写一首小诗：“在优美的梦中，雅德菲娅安然地熟睡着，她好像沉浸在深思熟虑的魔法中，又好像恍惚地倾听着缪吉特的声调。”卢梭的创作价值已超越了他的时代，但这个超越并非偶然，主要由于他具有超乎平常人的丰富想象力，和一双能将他的想象转化为绘画语言的巧手，通过这幅作品将他对大自然的美好情感付诸于画笔，寄托于油彩之中。

J 经典赏析 JINGDIAN SHANGXI

亨利·卢梭的绝笔之作

1910 年，法国画家亨利·卢梭展出了新作——《梦》，其后不久他便告别了人世。1910 年的卢梭为何奉献自己的梦与公众共享？他在这超越现实的梦境中渴求着什么？他的梦与其生存的社会现实之间有何关联？

有人说:"一个没有翻译出来的梦就像一封没有打开的信。"那么,卢梭的《梦》究竟是怎样的一封信?

沉睡的吉普赛人

在这个梦里,卢梭描述了他对热带丛林的幻想:皎洁的月光清透恍如白昼,辉映着繁茂似锦的热带植物。在紧簇的花草和枝叶间露出两头狮子、一头大象,还有野牛和黑猩猩的身影。狮子闪动着顽童般的大眼睛,大象悠然自得地高扬着鼻子。在两头狮子之间,站立着深色皮肤的笛手,他悠闲地吹奏着竖笛,倾听美妙笛声的有树枝上的鸟儿,还有侧卧在沙发上的裸体女人。女人安然地欣赏笛声,其身边一头狮子和一条蟒蛇相安无事地打量着她。这是绝妙的构想!在窄小紧凑的二维平面中,人与动物、植物以及构成这一切的幻象达到了超乎想象的和谐,没有丝毫的紧张感,没有彼此的敌视和戒备,甚至连月光也隐去其阴影。可是在这和谐中有一点我们不能忽略,画面中女人光洁白嫩的皮肤和那精致的沙发严重破坏了这和谐,与卢梭梦境中的大自然有一种对峙和紧张,这使观赏者的思绪不能不与喧嚣的都市勾连起来。为什么画家要把白嫩的皮肤和沙发这两个符号嵌进画面?为什么他非要以这两个符号来破坏这梦境中的和谐?

真要揭开这一谜底,把1910年这一标志性年份,放进一个具体的历史发展中考虑是必要的。这里所指的历史,是指伴随着资本主义兴起而形成的一个长时段的历史,是以18世纪末的工业革命为起始,以垄断、竞争和无休止的殖民扩张为动力,将海洋、森林、湖泊,一切人类可能涉足的疆域占有和掠夺的历史进程。正是在这个历史中人类疏离大自然,肆意践踏大自然,开始了他们寄居于大都市的现代生活。这一切不能不深刻影响生活在巴黎这个大都市的卢梭。

1910年,不仅仅作为时间的标志,更主要的它是历史长河中不可分割的一部分。它塑造了卢梭的精神世界,同时局限了其行动,使他成为完美大自然的向往者和幻想家。在严酷的现实面前,他孤身一人,力不从心。那被种种机缘塑造的历史仍按自己的轨道行进,完美的大自然、广阔的森林,日复一日地在人们的视野中消退。卢梭似乎意识到大自然的衰败已无可挽救,唯有将满腔的情感,全部的精神寄托,更重要的是对未来的希望,融入用油彩勾勒的画幅之中。毫无疑问,《梦》融入了卢梭深邃的理性思考,尽管从绘画的形式和作品的构成看,采用了超现实和非理性的艺术手段。如果细细品味这幅精美的热带丛林作品,焦点对准那斜倚在沙发上赤身裸体的女人,思索其非同寻常的意味,而不是仅仅将其视为点缀,视为象征性符号,思索者终将发现,在卢梭本人的思绪与这一具象的形体之间有某种关联，其中隐含着什么，它似隐似现，烘托着卢梭至诚、至善、至爱的心声：倘若人类达到与大自然和谐统一的境界，必将有所割舍和遗弃，从生存的终极意义上来个脱胎换骨。

由此看出，卢梭的焦虑与痛苦，他的憧憬与幻想，远远超出其所处的时代，他在呼唤一代新人的出现。虽然说，那还仅仅是存在于创作者的幻想之中，以安然的姿态置身于大自然的画中人。

（佚　名）

YISHU RENSHENG 艺术人生

卢梭是法国西北部小城拉瓦尔的一位白铁匠的儿子，小康家境。在这里，他们一家居住过的那所建于 15 世纪，被称做布歇赫斯门的房子仍然维持了原状，并挂上一块匾表达这个城市对这位成为画家的白铁匠之子的纪念。卢梭的前半生经历与绘画没有任何关联。年轻时代他参了军，服役 7 年，此前可能有过小偷小摸的行为。当时的军队记录了他的外貌：身高 163 厘米，黑眼睛，椭圆脸，直鼻梁，双颊丰满，左耳上有伤疤。因此，画自画像时，他的左耳从不出现在画面上。

卢梭以士兵身份离开军队之后不久，进入巴黎市政当局的税务部门，开始持续 15 年之久的收税员生涯。这个工作要求他经常到塞纳河沿岸的码头、城门及郊外田园去检查走私活动情况，征收商品税。显然，这些与艺术相距甚远。这期间，他还经历了一次

诱蛇者

婚姻，9 次生儿育女和 7 个子女的夭折，继而是 36 岁妻子的早逝。在他开始把绘画作为消遣方式的时候，他只剩下一女一子、工作以及这个新的兴趣。1885 年，他退休了，摆脱了为谋生而从事的单调乏味的工作，很快又把孩子交给他们的姑母一家，这样，他以自由身开始了新的追求。

从卢梭的简历可以看出，生活没有给他安排进艺术学院系统学习的机会。他可能心仪过某些画家，在 1884 年还获得了到卢浮宫临摹作品的许可，可见他所能接受的专业技法训练是多么有限。所以，1885 年卢梭第一次在官方沙龙展出作品时，便得面对画作被观众割坏不得不撤去的尴尬场面。幸亏他这时很清楚地知道自己在干什么，要干什么，所以他当时冷静镇定。换做一个 20 岁的毛头小伙，这样的挫折很可能会使他打退堂鼓的。

1886 年，经点彩派的西涅克发现，卢梭被推荐到独立沙龙参加画展，算是他真正从艺生涯的开始。虽然，评论界从一开始就对这个充满幻想和梦

幻思维的"幼稚"画家大泼嘲讽的冷水,西斯莱、雷诺阿、劳特里克等许多大画家却都对卢梭作品中散发出的革新自由的创作风格表现出高度的重视,德加曾夸耀说:"没有什么能使他不成为大画家。"

卢梭的早期作品以巴黎风光及肖像为主,但一些植物题材的作品也显示出他对丛林的浪漫热情。他的想象中经常出现异国情调的事物,《沉睡的吉普赛人》中出现了迷人而奇妙的北非沙漠风光、狮子及熟睡的黑人的组合,大胆的想象因为精微的细节而产生了一定程度的真实感。这一想象在他的晚年达到高潮,他把从巴黎动物园和植物园观察来的各种形象组合成热带丛林景色,就像《诱蛇者》和《梦》中的那样,再点以引发紧张情绪与背景并不谐调的奇特人物,就这样创造了一个虽不确定,却以奇妙魅力引人入胜的具体可感世界。

在卢梭的有生之年,有关他的各种评论都收集在剪贴簿中,有时旁边还有画家本人的小注。这一事实曾被引用以说明画家天真质朴的性格。的确,他的传记中常常记载下有关他的闹剧,好像无论什么事在他那都会有与众不同的反应。最典型的一回发生在1907年,为了帮助一个学生,卢梭同意使用伪造的证件为他转移盗用的公款,他好像完全不知道自己做了什么,罪行发觉后,他被判刑,在法庭准许他缓期服刑后,卢梭以他一贯的方式对法官邦波耶先生说:"感谢您,阁下!我要为您的夫人画一幅肖像。"这的确让人难以相信,如果不是画家太诚挚的话,那他只能是个无赖了。而了解他的人都知道,他说这话没有一点讽刺意味。

卢梭的自画像和风景

卢梭天生乐观开朗、与人为善,老一辈如前述的画家,后一辈如毕加索、布拉克等都与他交好。在卢梭身上,单纯、天真和智慧混合在一起,他对美丽而遥远的、充满奇异和恐怖的热带丛林山谷,怀有浪漫的热情。

在生命的最后10年,卢梭成为新一代艺术家和批评家心目中的名人,得到一种古怪而荒谬的赏识,1910年刊登在美术年鉴上的讣告说明了这点:画家亨利·卢梭上星期死于巴黎,他是一个退休的税务职员,许多年以来,他定期在独立沙龙和秋季沙龙展出他的绘画,其幼稚的构图使他获得某种恶劣的名声。为了公正地对待这一恶劣的名声,我们必须从头开始。

手捧果盘的少女

保罗·高更(1848—1903)Paul Gauguin 法国

《手捧果盘的少女》有一种文学的、色彩的和原始的情调,而其本质则是孤独、忧郁和哀伤。

——《生命的热情何在》

当塞尚过着勤奋创作的隐居生活时,一个不知疲倦的异常高傲的绅士,为逃避文明世界的侵扰,正在寻求原始人的生活而浪迹天涯。这位奇怪的、与众不同的绅士,便是法国后印象主义画家保罗·高更。

高更与凡·高、塞尚被称为西方现代美术三杰,他的创作受印象派启发,又最终背叛了印象派。高更对于现代艺术的重要意义,在于他对于绘画本质的信念,他把绘画的本质看成是某种独立于自然之外的东西,当成记忆中经验的一种"综合",而不是印象主义者所认为的那种直接的知觉经验中的东西。他不断地运用绘画和音乐的类似性,把色彩的和谐、色彩和线条当成抽象表现的形式,摆脱了明暗对比法、立体法等约束,将色彩平涂在画布上。比起大多数同辈艺术家来,他的探索甚至在更大程度上受到东方、古典前以及原始艺术的影响。在他身上,可以发现现代原始主义的根源,向往获得一种表达方式,以抛弃西方传统的习惯势力,回到史前人类和野人的真理中去,从而达到真理。高更的作品,是西方艺术史上耀眼的一页,给现代美术尤其是野兽派的产生带来了巨大的影响。

高更的一生,永远徘徊在逃避与追求之间。他逃避现代文明的窒息,追求自然与人性的完美结合,替文明本身找到了避难所。他的画作充满了音乐般动人的节奏感和优雅的装饰意味。他不受任何外力的阻挠,哪怕是病魔缠身、饥寒交迫,也不能阻止他对美的追求和渴望。他似乎总是向往远方,留恋那些具有异国情调的地方。这种感情,最终在他的一种救世的信念中具体化了。

高更杰出的作品,大多是在塔希提岛上完成的。这个法属小岛上的原始风光以及肤色黝黑的毛利族土著,给了高更最强烈也最深刻的心灵刺激。岛上湖泊鲜艳夺目，树木郁郁葱葱，上岛初期，高更就被岛上那些尚处于原始状态的赤身裸体的土著女子迷住了。他喜欢这种粗野健康之美，以她们为对象画了许多素描和油画，作品用线条和强烈的色块组成，具有浓厚的主观色彩和装饰效果。

KUANGSHI JIEZUO 旷世杰作

南纬17度，金色的阳光跳舞的地方，在那个被文明遗忘的角落，那个叫塔希提的岛屿上，高更找到了他永恒的追求，而那个岛屿也像热情地拍打着它的海浪，成就了他艺术的辉煌。

朝拜马利亚

概括客观、色彩夸张、强调主观、视觉变调，是高更综合主义特征。具体地讲，是用平涂的色面、强烈的轮廓线以及主观化的色彩来表现经过概括和简化了的形；不论是形或色彩都服从于一定的秩序，服从于某种几何形的图案；其绘画有很强的音乐性、节奏性和装饰性。我们已经知道，高更曾以原始土著人为题材，和以往欧洲绘画的题材有相当的不同。他独特于欧洲绘画史上的作画方法得益于日本浮世绘的启迪。日本浮世绘是一种多板套色的版画，分数十版，印在有点类似中国宣纸的日本纸上；这种版画没有显著的阴影，而以明快的色面来表现立体。同时，这些色面并不重叠，没有“混色”的情形，自然色彩鲜明。所用的是植物性颜料，发色优雅，而注重平面性。

《手捧果盘的少女》就是这样一幅美感荡漾的佳作，这幅描写热带岛屿“塔希提”的充满宁静、祥和气氛的画作是现代艺术史上的象征派之父高更的代表作之一。许多人认为它是高更对塔希提的憧憬：这是一个气候温暖、土地肥沃，有着许多亲切无邪的土著妇女的地方。这是一幅美丽动人的画面。女人光滑的肌肤与神采，充盈着古典雕塑的韵味。袒露的胸部与盛满水果的盘子似乎是性爱的象征。在从黄色到各种深浅不同的绿色的色彩结构中，现出两位妇女的轮廓，像浮雕一样出现在背景上。虽然是线造型，但人物头部和手臂却是以微妙的明暗变化来表现的。在这幅作品中，煞费苦心杜撰的神话已踪影全无，艺术家的造型结构理论，服从于表现主题的极端快乐，虽然色彩的和谐和从前的作品一样可爱，绘画的空间也和从前一样封闭而有限制，然而这个有立体感的人物浮雕般的投影，与古典浮雕的新古典神态，拉上了关系。

1899 年 · 94 厘米×73 厘米 · 馆藏不详

温柔妩媚的塔希提女子是他创作的灵感，他将塔希提视为生命中最后的净土。

J 经典赏析

JINGDIAN SHANGXI

塔希提——高更不解的情缘

塔希提——这一方尘世间的乐土，造就了塔希提人能歌善舞的性情；幻化了塔希提女性婀娜多姿、纯真善良、温柔多情的秉性。也是这种清新的自然，诱惑了著名的画坛印象派之父保罗 · 高更在这里用毕生的信念追逐艺术的原始和本能。他的作品以纯粹原始艺术为主，浪漫而充满梦幻般的色彩和独树一帜的画风，备受世人的瞩目。塔希提是他的灵魂故乡，他为之牵绊的生命的根！要忘记高更是很难的，就像不可能忘记蓝天翠峦碧水和阳光一样。

塔希提岛，那儿有着高远的苍穹，灿烂的太阳，那儿丝毫没有人工斧凿的痕迹，人迹罕至，然而却可以享受到城市里难得的孤独；那儿的姑娘是天真纯朴的，她们一点也没有沾染上都市人们的虚伪与做作，在她们身上，流动着健康的、粗野的美，她们的精神是纯真无邪的，她们的身体是朴实厚重的，炙热的阳光让她们金黄的皮肤与绿树、蓝天相映成趣，在城市里已成绝响的痴憨的笑容、悠闲的步伐可以让远离文明的他找到灵感的火花。高更挥舞着画笔，就像神话中的赫拉克勒斯挥舞着他的大棒，用色彩与线条惨淡经营着别具一格的城堡。只有高更，他义无反顾地远离了世俗的牵累，在世人惊诧的眼中，迈出了那一步。在塔希提，高更创作了《手捧果盘的少女》这幅杰出的作品，以至于今天当我们日益远离那样的格局时，面对那份粗犷和生命的放歌，仍不由得产生强烈的震撼。

《手捧果盘的少女》所描绘的是加勒比海的安提瓜群岛的妇女劳动生活中的一个场景。两个青年女子半裸着身子，站在一片蓊郁的树阴下，一个手端着盛满果子的盘子，一个少女手捧鲜花，显然在对她的同伴私语着。两个裸着身体的少女形象端庄，表情认真，似乎都沉浸在朴素的爱情心绪之中。画面都采取大面积的平涂色块，在强烈阳光下晒成棕赭肤色的土著人民，与鲜红的果物，深黑与苹果绿色的腰裙构成鲜明的对比色。他们正站在一片暗绿色的树阴底下，背景是充满阳光的橙色天空，这是一幅热带原始园林的环境。显然，画家不想如实地表现这些景物与颜色，经过他自己的感受，高更把这一切稚拙化了。没有透视，更没有色彩的层次，所有这些异国情调都是带有原始味道的，他以装饰性手法展现出这片景物。画里，塔希提的女人，是精灵。无声地在倾诉有这样一个美丽世界的存在。高更的画，使人时时感觉到一种纠缠——文明与原始的纠缠，束缚与野性的纠缠。在绚烂的颜色背后似乎总有着阴翳在流动。这种纠缠使高更灿烂和痛苦，却不言放弃，最终也沉淀了我们的记忆。虽然心里总是有苦痛和忧郁浇注，但欣喜与欢愉也实在犹如泉涌，剪不断，理还乱。高更终是有了塔希提相伴，他的源泉，他的爱情，他的天堂。

斯人已去。塔希提女人们如花的笑靥和始终如一的真，为你祭奠。

（佚　名）

YISHU RENSHENG 艺术人生

我是双重存在的：我是野蛮人，也是小孩。野蛮人比文明人更优秀。我的画虽然不蓄意使人震惊、让人张皇失措，但是人人看了之后，都为之震惊、为之张皇失措。这都是我的血液里的野蛮人性格所造成的。

——高　更

读过英国小说家毛姆的《月亮与六便士》的人，都会记得书中那位放弃优裕生活而献身绘画的主人公，这个人物的原型就是法国画家保罗·高更。

1848 年，高更出生于巴黎一个共和派记者的家庭，他的母亲是秘鲁人。在高更 3 岁的时候，父亲为了逃避上台执政的拿破仑三世的迫害，不得不逃往秘鲁。不幸的是，父亲在中途就病故了。高更随母亲在秘鲁度过了 4 年后，7 岁才回到法国。南美的热带风光以及当地原始纯朴粗犷的民风民俗，在高更幼小的心灵中深深埋下了种子，这使他永远无法摆脱那浓浓的原始情结。

高更性格中的不安分因素，在他 17 岁的时候第一次显现出来。在中学毕业之后，他做出了一个令他的家人大吃一惊的决定：他要当一名水手，这是在当时高更眼里最富冒险色彩的职业。当高更在大海上漂泊了 6 年之后回到法国时，他蓦然发现，故国已经面目全非了：母亲已经去世，故宅也已在普法战争中化为灰烬，而他自己则成了一位富有的银行家的被监护人，并娶了一位富有的丹麦少女为妻。

贞洁的沦丧

对于高更来说，除了家庭的冷漠，更不可忍受的是职业角色与艺术兴趣的严重背离：证券经纪人的刻板工作每天都在泯灭着自己心头的艺术火花，他感到一走进证券交易所的大厅，他的艺术灵感就被窒息了。他向往山野、向往田园、向往大海、向往蓝天，他向往心中的伊甸园向往美丽的雅典娜……他在心里时常呼喊着："我要做一个职业画家，以全副身心去拥抱艺术之神。"为了实现心中的这一宏愿，高更在1883年1月做出了一个令其家人大吃一惊的抉择：他要辞去收入丰厚的证券经纪人的工作，向着一个新的漂泊不定的海洋，开始新的人生远航。这一抉择意味着，高更失去了稳定的收入也因而失去了往日温馨和睦的家庭，他变成了一个不得不依赖卖画为生的流浪画家——在那个年代，画家几乎是可以和乞丐画上等号的行当。

但在如此窘迫的境遇下，高更的创作激情却空前高涨，他对印象派的艺术手法进行了全面的尝试，画出了一批极具印象派神采的作品。1886年在第8届，也就是最后一届印象派画展上，高更推出了19幅新作，成为实至名归的印象派主力画家。然而，他的悲哀在于当他隆重出场之时，却正是印象派的"谢幕典礼"。他非但没有获得预期的成功，却把自己捆绑在一个即将消散的画派身上。随着印象派画家群体在此次画展之后的风流云散，高更也陷入更加窘迫的境地。他艰难地筹措到一笔钱，把儿子送进了寄宿学校。然后凄然地离开了巴黎，只身前往布列塔尼附近一个名叫彭塔温的小渔村，成了一个名副其实的流浪画家。

保罗·高更

高更的艺术风格是在流浪中形成的。1888年2月，高更来到布列塔尼，这个十分荒凉的小地方在高更的眼里却是一片尚未受到都市文明污染的净土。他在这里感受到了原始宗教的神秘气息，对以前所迷恋的印象派单纯以大自然光影为表现主体的观念和方法，产生了最初的怀疑。后又结识了年轻的画家贝尔纳，从此他们成为艺术上的知己。在探索新的艺术语言方面，高更从贝尔纳身上汲取了新鲜的观念和方法。高更又前往法国南部的小城阿尔，这是在艺术史上一次很有名的艺术之旅。他受凡·高的邀请，前往凡·高所营造的"未来画室"担任"首任室长"，由此不难看出他在凡·

高心目中的地位。高更与凡·高，这对艺术史上耀眼的双子星座，在阿尔的简陋画室中聚合、摩擦、碰撞以至分离，给百年艺坛留下了无尽的话题。凡·高1890年自杀身亡的消息，使高更受到强烈的刺激，他终于下定决心远离法国，前往南太平洋上的塔希提岛，继续他的自我放逐和流浪。

1891年4月，高更孤身一人乘船来到太平洋上的小岛——塔希提，迎来了他事业的高峰。在这人迹罕至的岛上，他却感到了孤独的幸福。他在给妻子的信中写道："一股稳定祥和的力量已逐渐侵入我的身体，欧洲的紧张生活早已远去，明天、后天乃至未来的永永远远，这儿都会永恒不变地存在吧！"高更迷恋岛上的原始女性，他喜爱她们那种健康的、粗野的美。他悉心描绘那犹如大地般的朴实、金黄。高更本来就是一个多产画家，在塔希提岛上，他的灵感更是如泉喷涌，在第一次上岛的两年时间里，他画了60多幅作品。

1893年8月，高更回到法国。当这个被南太平洋的海风吹得面孔黝黑的45岁的汉子，身穿塔希提岛上普通人的服装，出现在巴黎的香榭丽舍大街上时，他简直被人们当成了怪物。然而，高更的塔希提主题画展失败了，他为配合画展而绞尽脑汁写作的随笔集也没有引起文学艺术界的重视。高更的这次"回归文明"，成了一个具有讽刺意味的象征：他醒悟到自己已经不再属于这个城市和这种文明了，这里不再需要他，1895年夏天他重新回到了塔希提岛。

1897年1月，高更最钟爱的长女因肺炎去世，高更3个多月后才得知这个悲惨的消息。此后，他与妻子长达20年的通信联系彻底中断。高更在极度悲哀和绝望中，花费1个多月的时间，创作了他一生中最大的一幅油画——《我们从哪里来？我们是谁？我们往哪里去？》。这是高更对人生哲学的一次最深刻的思考，也是其艺术风格的一次最完美的展示，正是这幅巨作，一举奠定了高更在现代西方艺术史上的崇高地位。这幅画完成后，高更在女儿去世1周年的那个月吞砒霜自杀。幸好，他被人及时发现而获救。这使高更的生命又延长了5年，也使这个世界又多得到数十幅艺术遗产。

1903年5月8日，高更死于心脏麻痹。临终前，他带着强烈的自信说："我想为后人争取一种敢作敢为的权利……我对社会毫无贡献，不过我的绘画作品使我聊可自慰，而且举凡今天从这种自由中获得了好处的画家们，应该对我有所感恩的。"

近卫军临刑的早晨

瓦西里·伊凡诺维奇·苏里柯夫

(1848—1916) Vassily Ivanovich Surikov 俄罗斯

德拉克洛瓦也许比苏里柯夫更恢弘细腻,但他不可能画出《近卫军临刑的早晨》那样粗放、寒冷、理想主义的悲情。

——俄罗斯美术鉴赏家　特列恰柯夫

苏里柯夫是在俄国批判现实主义艺术成熟阶段成长起来的画家。他的历史画在取材和创作思想上,都具有革新的价值,在巡回展览画派中他与列宾齐名,并同被认为是俄罗斯的历史性绘画巨匠。

在巡回展览画派的创作中,历史画原是比较薄弱的,因为历史题材的处理往往不易与现实生活关联。苏里柯夫在这方面进行了深入探索,并做出了重要贡献。《近卫军临刑的早晨》即是他根据彼得大帝执政时期发生的一个真实历史事件创作的优秀历史画。1881 年 3 月,当这幅画在"巡回展览协会"的画展上展出后,在人民中立即引起巨大的反响,著名的收藏家与美术鉴赏家特列恰柯夫以重金把它收购了下来,著名画家列宾对它也有极高的评价,认为此画是整个展览会上印象最深的杰作。

1878 年 · 218 厘米×379 厘米 · 俄罗斯特列恰柯夫画廊藏

作为历史画家,苏里柯夫在俄国 19 世纪最后 20 年中具有特殊的影响。他的锐利目光专在俄罗斯历史的重大事件中搜寻对当代生活具有现实意义的题材。当他理解了某个历史事件的矛盾性质包含着进步与反动的深刻寓意时,就通过特定的创造性形象加以强化,使观者从中感受到一种震撼心灵的感染力。所以,苏里柯夫的画总能促使现代人温故而知新,从接受形象的感染力中有所感悟。他的《近卫军临刑的早晨》一画就是如此。这幅画与《缅希柯夫在贝列佐夫镇》、《女贵族莫洛佐娃》一起组成了彼得时代的历史三部曲，让人过目难忘。

KUANGSHI JIEZUO 旷世杰作

瓦西里·伊凡诺维奇·苏里柯夫是巡回展览画派的杰出画家。他一生主要以彼得大帝时代的重大历史事件为创作题材，作品构图大胆，色彩浑厚，艺术感染力极强。

《近卫军临刑的早晨》是苏里柯夫的成名之作。这幅作品，画幅较大，场面开阔，极为壮观。它在题材和表现手法上突破了当时学院派历史画以《圣经》和神话为中心的虚构和表面效果，它所刻画的形象具有历史认识的意义和高度的美学价值。

缅希柯夫在贝列佐夫镇

自从苏里柯夫定居莫斯科以后，红场上的历史陈迹使他对彼得时代产生了浓厚的兴趣，于是他在 1878 年着手起稿《近卫军临刑的早晨》(30 岁时创作此画)，画面描写的是彼得从国外赶回莫斯科镇压近卫军的场面。为这幅画，苏里柯夫花了 3 年时间，他阅读了相关历史文献，在博物馆研究了大量的实物资料。鉴于这一历史事件发生的地点在红场，因此画中用著名的华西里·伯拉仁诺教堂为背景，右侧是克里姆林宫的卫城，这些高大的历史建筑物，大大烘托了这幅作品肃杀与铁血的时代气氛。画家没有在作品中进行简单的是非评说，而是站在较客观的立场上对这一历史事件的本质予以再现。占据画面绝大部分空间的是近卫军战士。他们临危不惧，英勇不屈。画家把他们与老人、妇女、孩子这些前来诀别的家属及刽子手、围观群众交织在一起，增添了事件的悲剧色彩。矛盾对立的另一方，骑在高头骏马上监刑的彼得大帝，也得到了画家的充分肯定。整装威严的正规军作为政权的强大后盾肃立在彼得大帝身后。这场悲剧的导火因素之一，某些充当俄国官吏的外国人，站在彼得的前面，若无其事地目睹这场血腥镇压。东正教教堂未能给这群苦难的人们带来什么好运，而克里姆林宫却像彼得大帝一样坚不可摧。

整幅作品气势宏伟，人物形象生动、个性鲜明，是历史画题材作品中难得的佳作。

女贵族莫洛佐娃

粗放寒冷的理想主义的悲情

苏里柯夫的《近卫军临刑的早晨》令我终生受用。

——华剑坤

从1878年到1881年，苏里柯夫花了3年时间才完成这幅堪称为绝世经典的伟大画作——《近卫军临刑的早晨》。在这漫长的时间里，与其说苏里柯夫在寻找表达的最佳方式，不如说苏里柯夫在沉淀情感，苏里柯夫的天分以及时间，最终将一个富有烟火气的情节转化为一幅笼罩着无边的悲剧感的画面。

《近卫军临刑的早晨》取材于17世纪俄国历史上的一件真实事件。1698年，正当彼得大帝出国访问时，维护封建宗法制度的保守贵族率领近卫军，挟持了彼得大帝的姐姐索菲亚公主发动兵变，意图扼杀彼得大帝实施的资本主义改革。闻讯而归的彼得大帝借助外国势力经过残酷的斗争镇压了这次兵变，并在红场上绞杀了100余名叛变者。题材已注定的悲剧氛围在苏里柯夫的笔下得到了完美的再现，或许，即使是在当年的现场，其悲怆无言的情绪也超不过此画中的了。

画面上，清晨冷冽的薄雾里，克里姆林宫的高墙和华西里伯拉仁诺大教堂、修道院的穹顶森然挺立。前景左侧，戴铐的近卫军们簇塞一片，有的愤然逼视着右侧骑在马上的彼得大帝，有的低垂了脑袋默默地与送别的亲人相拥；画面中段，行刑人挟制了近卫军官准备送上绞刑架；右侧，表情森严的彼得大帝昂首马上，身边团聚着以缅希科夫为首的支持者。在一种近乎决然的静默中，两群持不同信念的人对峙着，仿佛他们之间的战斗还在继续，胜者没有为王的大喜，败军也没有为寇的悔过，他们个人的尊严和克制着的情感在静默中宣泄着、交流着、对峙着，由此形成看不见却可强烈感受到的画面张力。

画家无意评说历史的功过，他之所以选择这个题材，更多的是其中的悲剧意味打动了他。出身低层的近卫军们如螳臂挡车般试图改变历史巨轮的方向，最终为着封建贵族的利益被引向牺牲；他们的牺牲虽毫无意义的，可他们不屈不悔的个性却令人尊敬。

苏里柯夫创作的历史画题材多取自彼得大帝时代的重大事件。在绘制宏大的历史事件过程中，他的绘画表达着他对人的观察。他从不单纯地描写一个事件，他更着意的是事件之中各种人的各种情感以及情感之间的互动关系。在人物众多的《近卫军临刑的早晨》中，显然主角不是某一两个具体的人，而是由左侧怒视彼得大帝的褐发军官所代表的不屈和坚毅，以及右侧眼睁睁地看着悲剧发生在眼前的彼得大帝的沉默和克制。当时间冲刷去一切行为的动机和结果时，如同画面所做到的，一切只剩下互相关联着的各种情感和情感印象。与人们持有的某个思想观点相比，可能人的情感比真理更永久。

瓦西里·伊凡诺维奇·苏里柯夫

苏里柯夫绘制了彼得大帝三部曲——《近卫军临刑的早晨》、《缅希科夫在贝列佐夫镇》、《女贵族莫洛佐娃》。它们共同的特征就是表现了人在历史机遇中的悲剧性命运和不屈的情感走向。苏里柯夫凭借着对事件的精到述说和对情感关系的准确把握成为伟大的历史画画家。而他第一幅历史画《近卫军临刑的早晨》就确定下这一点。当年列宾一看过此画就在给著名艺术评论家斯塔索夫的信中说："苏里柯夫的画给我留下了不可磨灭的深刻印象，大家异口同声地说，应当给他的画放一个最好的位置。每个人都认为，这幅画是我们展览会的骄傲。"

苏里柯夫由此成为巡回展览画派的重要成员。在这支成立于1870年、追求再现真实的社会生活的绘画队伍中，虽然苏里柯夫也有一定程度的革命民族主义思想，但他的艺术理想并不完全与之合拍。在他身上，更多的是由哥萨克血统决定的民族主义而非由社会理想决定的民族主义；他描绘历史事件，却拒绝做出绝对的判断，他无意改造现实生活。这些使得他后来脱离了巡回展览画派。而富有民族性和人性的作品已足以证明他的出色。

（藏　黛）

YISHU RENSHENG 艺术人生

苏里柯夫1848年生在一个传统的农牧家庭，父亲虽然缺乏音乐才能，却经常摆弄乐器、引吭高歌，叔叔虽然算不上画家，却也能画出美丽的风景和人物。在这个家庭里，大家虽然没有多少文化，却少不了聚会谈论些带有艺术气氛的话题。苏里柯夫就在这样一个环境下长大了，他非常喜欢听老人们讲哥萨克英勇的传奇故事，兴趣驱使他阅读了大量历史书籍，充实了头脑。

苏里柯夫的绘画道路是在他家乡学校的一位美术老师格列布涅夫的熏陶下开始的，这个隐居在乡野的画家，发现了苏里柯夫身上闪烁的才华，于是，经常带着苏里柯夫外出写生，学习各种绘画技巧。苏里柯夫果然没有辜负格列布涅夫的期望，不久即以许多乡村生活场景的画作，博得了广泛的好评。格列布涅夫深深感到他内在的潜力与天赋，同时也觉得自己难以培养这个不凡的学生，便力劝苏里柯夫前往彼得堡的美术学院深造，结果却足以令他伤心——他落榜了。这时从家乡四处筹措的盘缠也几乎花光了，他陷入了困境中。

天无绝人之路，不久苏里柯夫意外地得到了一个在美术学院课堂旁听的机会，终于希望又重新来到了面前。在学院期间他表现出异于常人的刻苦，1年后以优异的表现被破格擢升进入学院门墙，成为了一名美术学院的正式学生。

两年后，苏里柯夫创作了著名油画《瓦塔塞尔餐宴》的草图，获得了一笔院方的奖金，同年他创作了一幅以古俄罗斯历史为题材的《公爵法庭》，力图在这幅作品中表现历史一刻平凡人的瞬间，显示出自己独到的艺术见解。1875年，苏里柯夫以出色的成绩从美术学院毕业，获得了"一级艺术家"的毕业称号，并以油画《彼得阐述教义》夺得了学院的金质奖。这个奖牌意味着获得了公派出国深造的机会；然而，他却拒绝了在别人看来的大好机会，而去画新建成的莫斯科基督神殿的壁画，因为在他看来，这是个极好的为俄罗斯服务的时刻，他是想以此获得经济基础来实现自己热衷的历史画创作。

1877年苏里柯夫迁居莫斯科，一直生活到生命终了。1879年开始至1884年，苏里柯夫先后创作了概括彼得大帝时期的三部曲——《近卫军临刑的早晨》、《缅希科夫在贝列佐夫镇》、《女贵族莫洛佐娃》。苏里柯夫也因此获得了极高的荣誉。苏里柯夫主要历史画的创作题材多取自彼得大帝时代的重大事件，在他宏大的历史作品中，画家显示出对改革的向往和深深的思考，这种向往和思考当然是以矛盾为载体的，而多角度、多侧面地表现矛盾正是苏里柯夫的专长。

1888年，画家的妻子逝世，陷入极端悲痛的苏里柯夫到西伯利亚做了一次旅行。1891年创作的风俗画《攻陷雪城》则是这次旅行的成果。这幅画表现了西伯利亚耀眼的雪景和充满健康美的人民的欢愉和力量。苏里柯夫1916年3月19日逝世于莫斯科。俄罗斯人民为了永远纪念这位值得民族骄傲的艺术家，把莫斯科美术学院改名为苏里柯夫美术学院，并在他家乡建立了一座苏里柯夫纪念馆和纪念碑。

八　骏　图

徐悲鸿(1895—1953)中国

悲鸿画马，始创"托兴"、"自况"，将马人格化、自我化。画法上引进西方素描揉入水墨，其马结构准确，神骏生风，意态雄杰，开一代画马之新风。

——著名美术评论家　马鸿增

178 厘米×92.5 厘米 · 徐悲鸿纪念馆藏

徐悲鸿是现代中国杰出的画家及艺术教育家。他出身画家家庭，曾被康有为誉为画坛奇才。除了中国水墨画之外，他的油画、素描、书法皆十分出色。然而，最能反映徐悲鸿个性，表达他思想感情的莫过于他写马的画卷。他画的马更具精神和动感，体现着一种雄健壮美的神韵，散发着英雄主义的精神，被誉为"天下画马第一人"，一代宗师的神韵在他的画马作品中体现得淋漓尽致。徐悲鸿不仅在世时就被人们广泛称颂和推崇，更在其身后数十年间声名日盛，尊崇倍增。

徐悲鸿画的马落笔有神，奔放处不狂狷，精微处不琐屑，盘骨强壮，气势磅礴，形神俱足。徐悲鸿通过其兼容中西、纵横古今的精绝画笔，将这浓浓的情结以及鲜明的民族精神和时代风貌全部注入其画马之中，这也许就是徐悲鸿的艺术不同于很多画家的原因，也是徐悲鸿的墨马傲视当代、雄冠鼓劲的真正原因。

他以周穆王8匹名马为题材所画的《八骏图》，成为这位艺术大师的不朽名作，令世人叹为观止。徐悲鸿笔下的马，赋予了画家自己的个性和理想。他常借画马抒怀，有所寓意，以寄托自己的悲哀、忧郁、希望和欢乐。这从画面和画上的题词即可清楚地看出，那一句“人不可有傲气，但不可无傲骨”，更成了不少能人志士的座右铭。徐悲鸿的《八骏图》画出了一种意境——雄壮威严，气势宏伟。有人称赞《八骏图》中的8匹骏马“笔力雄健、气魄恢弘、形态各异、神情万千”，是骏马图中的绝唱！

旷世杰作 KUANGSHI JIEZUO

徐悲鸿的《八骏图》中的8匹马是传说中周穆王的驾乘。用笔流畅，似行云流水。画中奔马或昂首驰骋，或展蹄跳跃，或奔腾追赶，或顾盼相随，意趣天成。他能充分利用有限的画面空白，展现出无限的深远境界，从作品中可看出他对自然万物的热爱，因而创作出具有时代精神的动人画面。在这幅画中，徐悲鸿并未画任何衬托，如草地和蓝天、白云等，而是留下空间，任赏画人自由想象。通过作品的空间感，增大艺术的魅力，马的个性既突出又张扬。这就是个性在空间与留白中产生的视觉效果和艺术感染力。

古今遐迩任驰骋。东方神骏是美好的象征，古人向往那马踏飞燕的神骏，是一种大气的追求。徐悲鸿笔下的《八骏图》中的神骏，有一种超然的神力，有如天国中的神灵，沐浴着星月之光耀太阳之炽烈，那是一种崇高的理想境界。在徐悲鸿笔下的8匹骏马，更是在悲怆浩然之中不屈不挠勇往直前的精神，不朽的秉性像高山矗立似长河绵延。悲鸿的马，画法上引进西方素描揉入水墨，其马结构准确，神骏生风，意态雄杰，开一代画马之新风。

徐悲鸿的《八骏图》解决了笔墨和马的块面结构如何谐和一致的课题，从而可以得心应手地塑造出马的形象，以表现他的审美理想。他笔下的马，鼻孔都特别大，他认为鼻孔大的马，肺活量也会相对较大，跑起来才会有力而且耐久；马腿的比例，相对稍长，徐悲鸿认为腿和蹄是马奔跑的工具，长腿跑起来较快。至于蹄，看来好似一两笔简单带过，但却是花费了长时间研究描摹的结果。徐悲鸿认为毛笔太软，画不出鬃尾的质感和劲力，所以他常用硬笔扫出鬃尾，使之纤毫毕露，而呈现出动力的美感。为了画好马，他不仅从画册印刷品上临习，还下田间，赶集市，入马厩，了解马的习性，到牧场观察群马奔腾，进赛场体察马的英姿，从前贤笔下的马到自然造化中的马，反复观摩比较，努力寻求自己的艺术语言。

徐悲鸿非常注重写生，关于马的写生画稿不下千幅。他还学过马的解剖，对马的骨骼、肌肉、组织了如指掌，同时，他还熟悉马的性格脾气。在技法上，他以中国的水墨为主要表现手段，又参用西方的透视法、解剖法等，逼真生动地描绘了马的飒爽英姿。用笔刚健有力，用墨酣畅淋漓。晕染全部按照马的形体结构而施加，墨色浓淡有致，既表现了马的形体，又不影响墨色的韵味。徐悲鸿的马是中西融合的产物，这种融合是极为成功的。

JINGDIAN SHANGXI J 经典赏析

骨傲《八骏图》

徐悲鸿下笔时能做到"全马在胸"，笔墨酣畅。

——中国著名画家　韩书力

在古今诸多画坛大师之中，我最爱徐悲鸿；在中外如恒河沙数的名画中，最令我神往的，就是徐先生的《八骏图》。你看那飞扬的长鬃，那奔腾的马蹄，那神骏的英姿……八骏奋蹄，自有万马奔腾之势。从八骏骨子里透出来的那股傲意，有关尊严、光荣与梦想。

徐悲鸿笔下的8匹神骏极具个性，匹匹皆有独到之处，让人不由自主地叹服和喜爱，那种并驾齐驱的磅礴气势着实令人眼前一亮。8匹骏马如风卷残云向同一方向疾驰而去。再细观之，每匹马昂首激越，长嘶短唤，鬃毛抖动，马蹄急扬，其壮观场景确实令人心潮起伏，激情难抑。腾空飞奔的骏马，威武雄壮，势不可挡，其情态确实令人亢奋。这幅马图造型夸张、松动，以浓淡墨互补勾出马的轮廓，线条顿挫有力，然后以浅色墨块敷染马的部分身体，使马的整体形象到局部骨骼准确生动地跃然纸上。在笔墨运用上，轻轻重重，浓浓淡淡，干干湿湿，虚实相间，变化奇妙，极富节奏感和韵律感。

徐悲鸿画马以野马为主，将野马那种不受羁绊，剽悍、刚劲、矫健的形态表现得淋漓尽致，给人一种自由和向上的力量。曾有诗云："悲鸿画马贵有神，一扫千古厩马群。嶙嶙铁骨超凡气，一往无前托英魂。"徐悲鸿一生中画过数以千计的马的速写稿。他熟悉马的气质、马的结构、马的日常活动和在技巧上需要创造的独特的表现手法，塑造了那一洗万古凡马空的英姿骏马。徐悲鸿借马抒情，在这幅《八骏图》上题字："人不可有傲气，但不可无傲骨。"

将做人要勤奋而上进，谦逊而聪敏，满腔正气，一身傲骨的思想寄托在这八骏驰骋的脚印上，烫着鲜明的时代烙印。这也是徐悲鸿追求理想，捍卫中华民族尊严的象征。

徐悲鸿笔下《八骏图》的神驹代表着坚韧不拔的毅力和威武不屈的精神，给人以生机、力量和令人振奋的积极精神。观他笔下的马，千姿百态，惟妙惟肖，栩栩如生，呼之欲出；听他笔下的马，萧萧嘶鸣，如雷贯耳，马蹄声声，双脚和动；想他笔下的马，顿生提枪跨马，飞奔向前之豪情。

（佚　名）

YISHU RENSHENG Y 艺术人生

1895年7月19日，在江苏省宜兴县屺亭桥镇的一间临水而筑的简陋茅屋里，一个男婴呱呱坠地。孩子的父亲给他取名寿康，祈愿他健康长寿。这个名叫徐寿康的农家男孩，就是日后大名鼎鼎的画家、美术教育家徐悲鸿。

徐悲鸿的父亲徐达章，是一名民间画师，在当地小有名气。耕作之余，在镇上以课徒和鬻字卖画补贴家用。徐悲鸿家里挂满了父亲的字画，幼小的他耳濡目染，对书画产生了浓厚的兴趣。可当他要求学画时，却被父亲温和地拒绝了。两年后，9岁的他才如愿以偿，开始从父习画。父亲命他每日午后摹吴友如石印界画人物一幅，并学设色。自此，徐悲鸿与书画结下不解之缘，并将自己的一生毫无保留地交给了绘画。

19世纪末20世纪初是中国社会的多事之秋，外有西方列强的肆意入侵，内有封建政权的腐朽统治，天灾人祸接连不断。1908年，徐悲鸿的家乡连降暴雨，庄稼悉遭吞噬。万般无奈之下，年仅13岁的徐悲鸿跟着父亲到邻近的县镇鬻字卖画，以谋全家生计。流浪江湖的卖画生涯因徐达章身染重病而中止，父亲去世后，徐悲鸿成了家里的顶梁柱，19岁的他过早地体会到了生存的艰辛和人世的无常。

然而在贫穷的农村，靠画画根本不能谋生，于是他决定去上海寻找出路。临行前，宜兴初级女子师范的张祖芬先生热情地送别他，并勉励他说："人不可有傲气，但不可无傲骨。"从那时起，他终生铭记着这两句临别赠言，并将它作为座右铭。历经生活磨难的悲鸿，已经具备了深厚的艺术功底，养成了与困难作不屈斗争的顽强毅力，这些都为他以后成为艺术大师奠定了坚实基础。

徐悲鸿曾两次出国求学，1917年5月起在东京研究美术；1919年5月至1927年7月约8年时间在法国专心学画。在日本时，他常到书店、画店、美术馆去观赏。他认为，日本画家能摆脱积习，会心于造物，努力创造博丽繁郁的境界，在花鸟画方面成就很高。但他们的缺点是华而薄，少韵致，缺乏蕴藉朴茂之风。他以对日本画坛的客观分析来为自己的创作提供借鉴。在法国，他先在巴黎徐梁画院学习素描。白天，他除了用心学习素描以外，还精心观察西洋古典绘画，研究艺术大师们的杰作，领悟他们的做法。1920年初夏，他以优异的成绩考取了国立巴黎最高美术学校，面对一些狂妄自大的洋学生，悲鸿憋着一口气，好似一匹不知疲倦的千里马，在中华民族"奋斗一争气"的大道上，日夜驰骋着。艰辛的劳动换来了丰硕的成果，他在学校的数次竞赛考试中获得第一名，成了法国艺术大师达仰先生的得意门生。后来，他幸运地成为德国柏林美术学院院长康普的弟子。至1925年秋，悲鸿的绘画已经到了比较成熟的时期，创作了油画《箫声》、《蜜月》、《远闻》、《怅望》等，尤以《箫声》和《远闻》备受赞扬。悲鸿在柏林所作的《老妇》还入选法国画展，受到展览会的好评。

徐悲鸿只活了58岁，这样的年纪齐白石尚未出名。但这短短58年远比齐白石的百年生命富于戏剧性。徐悲鸿的足迹遍布欧洲国家，组建了几所美术院校，同时笔耕不辍，留有大量的画作，而且他的学生桃李满天下。这么辉煌的人生是从宜兴乡下的小镇拓展开来的，其中历经的艰难困苦非常人所能忍受，真是乱世一代的英雄。